前程无忧·职场新能量丛书

职场路线

前程无忧《新前程》杂志 著
能量传播 主编

航空工业出版社
北京

丛 书 简 介

前程无忧·职场新能量丛书是职场全程指导，内容源自著名的人力资源服务企业、美国Nasdaq上市公司前程无忧旗下的《人力资本》杂志，包括了顶级经理人成功之道、中层经理的突破、职场新鲜人的职业指导、创业者的心路历程等。同时还精选了商界名家的从业感悟、职业经理人和创业者的现身说法以及对各重点职业的剖析，对职业经理人、创业者，以及想进行职业咨询、发展职业生涯的各行业和阶层的读者都具有全面而深入的指导价值。本丛书第一辑共7本，包括《顶级经理》、《创业旅程》、《中层修炼》、《职场路线》、《职场关系》、《人物心路》以及《名家专栏》。

内 容 提 要

在本书中，多位国内著名职业咨询专家、企业人力资源经理共同会诊面对困惑的职场人士，就具体案例分析解答有关职业选择、发展线路的问题，从初入职场的普通经理到中层经理的问题均有所涉及。

图书在版编目（CIP）数据

职场路线/前程无忧《新前程》杂志著. —北京：航空工业出版社，2008.1（2009.10重印）
（前程无忧 职场新能量）
ISBN 978-7-80243-046-4

Ⅰ.职… Ⅱ.前… Ⅲ.企业管理 Ⅳ.F270

中国版本图书馆CIP数据核字（2007）第198135号

职场路线
Discover Your Perfect Careet

航空工业出版社出版发行
（北京市安定门外小关东里14号 100029）
发行部电话：010-64978486 010-64919539
北京三石印刷有限责任公司印刷 全国各地新华书店经售
2008年1月第1版 2009年10月第2次印刷
开本：710×1000 1/16 印张：13 字数：152千字 定价：28.00元

序一

“管理者”的三重境界

我的公司同事习惯称我为“教练”，我也乐于此称呼。

前程无忧从1998年在北京成立至今，从一个点发展到拥有现在的26家分支机构，覆盖包括香港在内的各个区域，从几个人到现在的3500名员工，需要的不仅仅是一个CEO，许多中层、高层管理者对公司的业绩和发展起到了关键的作用。发现、培养和指导管理者，使其能够得到员工的支持，并带领员工完成目标，仍然是我面对的主要挑战之一。

“管理者”包括三重境界：管事、管人和管自己。

“管自己”比较容易理解。通常看到下属大致就可以想象得出他的上司是什么样的风格，管理者的表率对被管理者有很直接的影响，所以管理者的自律、管理者对目标的追求往往引来被管理者的效仿。“管事”和“管人”非常玄妙，甚至高深。我们常说“事在人为”，同样的事情不同的人去做结果就不一样。所以管事、管人的最大难点在于，为了实现目标，让合适的人做合适的事情。首先让被管理者以管理者的目标为自己的目标就很难，这就需要管理者管事、管人的能力。在目标一致的情况下，管理者要帮助被管理者认识问题和解决问题。

如何管事、管人、管自己？管理者必须要有学习和反思的能力和习惯。成败得失，经验是金，他人的经历是最好的教练。在这套丛书中，包括顶级经理人的成功之道、中层经理的突破、职场新鲜人的职业指导、创业者的心路历程，同时还有商界名家的从业感悟、职业经理人和创业者的现身说法以及对各重点职业的剖析，内容涵盖了“管理者”的三重境界。

管理者不是一个新名词，这套丛书自然不仅仅是谈管理，但如果你想成为真正的“管理者”，前程无忧·职场新能量丛书或许对你会有所帮助。

甄荣辉

前程无忧CEO

序二

人管人：管死还是管活？

我一直觉得人力资源是一个很神圣的工作，觉得做人力资源的人经验要超过常人、智慧要超过常人、品性要超过常人、洞察力要超过常人，所以他才拥有识人、理人、育人、管人的能耐，其他人才会服他的判断与见识。人力资源管理者站在人力资源的洪流之上，见多识广，他们把人力资源管理里面的很多诀窍与猫腻分享出来也实在是一笔难得的财富。可惜现在很多人头脑与实践中的人力资源就是一种分工、一种岗位、一种例行公事、一种流程，一个员工在那样的人力资源管理者面前首先会有的感觉就是不服气，然后就是闹矛盾，有些人力资源管理者连自己都管不明白，惶论调理公司的人力资源了。所以我常在想，人力资源管理者高明，是把一个公司的人文管活，人力资源管理者不高明，就能把一个公司的人文管死。生死之间，可以看出人力资源管理的重要了。

今天的中国社会在快速成长也在快速转型，人成为动态度最高、最难系统把握的对象，这在对消费者营销的时候如是，在对人力资源管理的时候也如是。我们要关注到一些新的与人力资源发展与管理相关的新特点，并且有切实的因应能力，然后我们在人力资源管理方面才能有新能力。这些新的特点与趋势是：其一，新一代反权威职员的成型——独生子女一代在比较自由的家庭空间里成长，个性比较突出，强调权威的说服力，这对有自然等级的职场秩序会有很大的冲击；其二，强化职员权利的劳动法制——新的立法思想越来越把社会责任分化到企业这样的社会细胞单位，而不想让政府这样的宏观单位承担太多责任，这意味着企业与员工的工作关系必须走向精细化，否则将有相当高的触犯法律的成本；其三，动态化社会资本模式的发展——企业不仅仅要加强员工的知识与操作技能，也要加强他们的社会资本与社会联系，才能使他们身心健康、有更强的拓展能力与业务效率。对于经理层来说，在高度动态的社会关系中具备发掘社会资本的能力将使他们所在的组织能以更低的成本获得更高的收益并有更长远的前景；其四，关注多元互动的营销工作模式——这个时代在宏观上工作机会多多了，人才也多多了，在微观上好的机会更难得到了，要找到好的人才也更不容易了。那么怎样才能在万千机会中找到你满意的一个，在万千人才中找到你满意的那一个，就需要双方借助于多种媒体渠道与表现方式来表现自己的需求、特点与迷人的地方，这是一个人才自我营销与组织形象营销都必须非常富有侵略性的时代；其五，培养T型人才与T型组织——即富有技能I与富有见识T结合的人才与组织，这在市场越来越统一、全球化越来越成为趋势的时候是非常重要的，组织不再简单地是一个人才使用单位，好的有竞争力的组织越来越应该是培养与升华人才的地方，是一个行动型的大学校、机会型的大基地。

用这样的标准与要求去衡量，很多人力资源管理者与人力资源服务机构应该感到很惭愧才是。不过也不要紧，没有人是先天就会的，也没有人是无师天成的。中航能量出版发行的这套前程无忧·职场新能量丛书也能反映出作者群体在我所说的发展方向上的努力，书的内容来自于实战与市场，来自于前沿与职场，是有经验的操作者的有心之作，也是有使命感的专业人员的深入思考，对于帮助我们成为搞活企业人力资源的能手有帮助，因此乐为之序，并推荐之。不过，我想，与其说这套书提供了很多相关宝典，不如说它启动了更多我们现在急需的对实用型人力资源管理的系统思考，因此期望有更多的吻合职场新趋势的新作问世，以满足广大企业管理者与职员们的应用需要。

袁岳

零点研究咨询集团董事长

2007耶鲁世界学者

2007年12月1日于美国耶鲁大学

说　明

前程无忧·职场新能量丛书在筹备中期，原《人力资本》杂志主办方前程无忧根据市场需求，在通过国家新闻出版总署的批准后，现已将杂志名称更改为《新前程》。

本书所有内容均来自原《人力资本》杂志。

特此说明。

目　录

个人与企业

为何我敲不开咨询公司的大门

虽然管理咨询公司的大门暂时向你关闭了，但你的优势却会帮你打开另一扇门。

一封“迷茫”的来信

我大学学的是木材工业，同时进修北大远程教育人力资源管理，毕业以后又自修了MBA，而且一直有工作多年的MBA在指导。虽在民营企业工作，但曾在世界五百强企业担任销售总监助理，主要负责市场分析，走过大半个中国，拜访研究过一百多家各种层次的企业。我还做过民营上市公司销售主管，通过变革管理，帮助企业扭亏为赢，积累了很多经验，反复磨练，感觉自己已经成熟。

我的特长是能够将MBA理论和实践相结合，立足基础逐步变革管理，对品牌管理有深入的研究，我的缺点是口才、英语、书面表达需要提高，来到上海，曾经想过做企业管理咨询顾问、销售管理，可是一直求职失败。我比一般的人更了解民营企业，为何进不了企业管理咨询公司，我有成功销售管理经验，我对自己非常有信心，为何没有企业愿意用。是不是没在外资企业工作就会缺少了什么？下一步我该怎么走？我很迷茫，请指点迷津！

猎头视线：目标职位要求正好是弱势

前程无忧猎头业务总监张东阳：从你的基本情况来看，你身高170cm，体重只有60kg，看上去似乎比较瘦弱，外表不够“强势”。在你的自我分析表中，沟通与表达能力相对较弱，口才、英语及书面表达能力也是弱项。而这正是你难以敲开管理咨询公司大门的关键原因所在。通常，一位管理咨询顾问应具备以下素质及能力：

1. 优秀的口才。咨询顾问经常需要与客户打交道，既要有说服客户的能力，也需要掌握谈判沟通技巧。

2. 出色的反应能力，即对即时问题周密的回答。管理咨询顾问成天面对的是不同行业、不同企业客户，针对客户随时随地的不同发问，需要思维敏捷，反应迅速。

3. 职业形象。管理咨询顾问在客户面前扮演的是专家形象，外表形象应处处体现职业风范。

4. 通用技能：顾问经常要参加各种类型的会议并撰写咨询报告，会议上的表达沟通能力及书面表达等能力也很重要。

5. 专业知识：管理咨询顾问通常都有自己精通的专业领域和方向，比如精通制造业、金融业、快速消费品、IT或者其中一两个行业。优秀的管理顾问通常都是既精通专业也了解一般行业知识及理论的通才。

从你的自我分析来看，管理咨询人员职位要求正好是你的弱势，如果没有这些基本条件，是一定过不了面试这一关的。这可能会是“致命伤”。

你的专业领域一直是在“木”的制造业，领域比较狭窄。一般，咨询业在这方面需求不大，因此你的专业并不具优势。你给自己的发展方向定位在“生产型企业中高层管理”，在制造业发展还是会大有前途的。

职业顾问：根据优势和兴趣走好下一步

北大光华管理学院职业规划师孙仪：

1. 盘点自身优劣势。我留意到你对自己的优势和劣势做了分析，这是非常必要的，如果我们要有准确的职业定位，首先要对自身的优劣势做一盘点，看看自己适合什么。根据你的描述，可以看出你的优势集中在以下几点：

a. 市场经验，尤其是在市场分析和品牌管理方面；

b. 丰富的销售管理经验；

c. 行业经验；

d. MBA及相关管理培训。

建议你能为自己做一个职业生涯档案，挖掘你所有相关的职业资历和优势，也许会有新的发现。根据你对自身的优劣势分析，看一看有哪些适合的职业机会。拓宽一下思路，也许除了管理咨询以外，还有一些潜在的职业发展机会很适合你，比如同属咨询行业的市场分析和市场调研公司？

2. 职业选择既要考虑自身情况，还要结合一下客观的市场状况。如果你根据理性的分析，依然把管理咨询作为你当前的职业目标，那你就要考虑到能发挥你的优势，重点服务于木材、家具或家居产品等相关行业的管理咨询公司，这样你的行业经验优势就会被充分考虑。另外，你谈到的外企经验是很重要，但也不是绝对的，最重要的还是要了解自身的优势与职业机会的吻合度。

3. 职业定位还要考虑职位与自身的吻合度。如果行业选对了，但所从事的具体职位与个人优势相去甚远，做起来不仅压力大，还会不开心，没有成就感。你在沟通与表达上的相对劣势可能是导致你求职不顺的原因之一。

总之，在你考虑下一步怎么走的时候，试着根据自身的特点和兴趣，选择行业、公司和具体的职位。当然，同时要考虑每个职业机会对你长期的职业发展有哪些帮助，这样才会不断提高，使你的职业道路越走越宽。

职场老怪：自己做个咨询公司试试吧

职业规划专家老怪：你的情况确实不适合去咨询公司求职。

原因如下：

1. 国际性咨询公司，他们通常要3种人：大学毕业生（可做初级工作及塑造）、著名商学院MBA毕业生（国际化视野及专业训练，特别是著名商学院背景对于客户意味着信任）、其他有经验者（最好是咨询公司，有客户或者实际专业经验）。你的背景显然不符合——比如说你的MBA并非出自“名门”，确实不适合他们的需要。

2. 国内咨询公司，小的你可能看不上，他们也装不下你；大的国内咨询公司，现在招募人员的要求与国际性咨询公司类似。所以，你还是不合适。

以上两条，可能是你在咨询公司求职屡遭败绩的原因。

其实，目前市场上有很多小型咨询公司，创业者当中和你背景类似的非常多。如果自己创业，你的经验应该会对一些企业有帮助。

另外，从你的自我介绍，看上去你做了很多理性分析，其实，用这样多的“客观”因素来做分析，其结果给别人的印象未必“客观”。面试你的主管更感兴趣的是：你都具体做过哪些事情，怎样做的，有过哪些波折，如何度过的，其间和什么样的人竞争，和什么样的人合作，最终取得了哪些成果……

再说句你不爱听的话吧，就冲你说“感觉自己已经成熟”，你就已经因为情商方面太不成熟而会被拒绝了。

31岁的IT人走仕途还是“钱途”

综合分析自己的性格、能力、专长等各项因素，然后理性地进行职业规划：知道自己适合做什么，现在应该做什么，将来需要做什么。这样才不至于短视。

帖子：

我在一家IT国企上班，公司是一国有集团下的子公司，四五十名员工，员工工资待遇较低，大家士气也低，但公司有上千万的资金流做后盾，发展前景也还不错。

我是学计算机的硕士，毕业快4年了，现在是公司主要项目负责人，工作一直很努力，业绩也比较出色，但我的工资待遇一般（税后4500元），而且平时经常出差，非常辛苦。2月底，我的合同到期了，我主动提出辞职。老总却找我谈了好几次，极力挽留，并承诺我的工资涨到税前8000（其实到手也就6000多一点），并升职为公司副总经理，主管公司项目管理，没有任务定额，但项目完成有奖金。

由于工作关系，我经常接触IBM等大外企的员工，不少背景和经验都和我差不多，但税后薪水通常都不低于1万元。而且外企福利也好，国企连双薪都没有啊。我也曾经接到过几家外企的面试通知，但每次都不巧赶上我在出长差。

我今年31岁，趁自己现在还年轻，我很想进外企锻炼一下，要是一直在国企呆下去，以后年龄偏大了，选择余地就更小了。而且我去年刚买了房子，急需挣钱还贷，今年还想买辆车，银子对我来说也很重要啊。

但老总的许诺让我现在很矛盾：究竟是升官——留在国企当副总，还是现实一点，去外企挣钱？

评论：

“钱途派”观点

■ panda：外企就是外企，那里的环境，气氛和待遇都是国企无法比拟的，如果年轻，如果身强力壮还是给自己多些资历！

■ Ralf：国有集团公司就没必要“待”下去了，而且还是技术口的，没啥前途。

仕途派观点

■ Allan：两年后再走不迟

外企就是1万元的话，也比不上国企的6000多元，你付出的绝对不是一个等级的东西呀。才几年工作经验，到外企可能会拿到高工资，但想做到高层管理人员现在也难。建议还是先当副总，干两年要还是想走，再走也不迟。到时候身价就更高啦！

■ 潜水龙：搞管理VS卖力气

在国企挣8000元，是当头的，搞的是管理，发展空间大；在外企挣10000元，是干活的，卖的是力气，发展空间有限；还是先在国企干几年副总，积累些经验和资历，以后有机会再去外企做高层，那时才是真的去挣钱！如果日后考虑创业的话，其间积累的人脉资源也是自己单干的重要条件啊。

■ 不忘：31岁的IT有点老了

一、若想马上挣点钱就不要到IBM，到那么大的企业只能是长长见识，挣不到多少钱。

二、在国内搞IT技术的，我还看不出过40岁后还有什么发展前途，这点不像国外。如果还是做技术，31岁有点老了，更何况像IBM这样的公司并不是靠几个技术高的人，技术再高还能高过IBM整个team？如果做商务，31岁还可以，但是要求很高，渠道、人际等一个处理不好就玩完。另外，好外企里好职位非常难得到，而且压力是一般人难以想象的。

■ Nomaby：在外企攒了经验见识又咋样

这么简单还要想？当然当副总啦！本人现在和你条件相当，待遇也和你所说相当，只是我在外企，拼命想找个能挣

6000元的国企，可惜进不去。其实在外企待几年就觉得特没意思，做得再多也不是你的，攒了经验见识又咋样，自己开不了公司全白扔了。

中立派观点

■ 快乐老家：外企国企的游戏规则不一样！

薪水不是最重要的，关键考虑在两个企业的前途。要发展还是趁年轻去外企锻炼一下，不过工作压力也很大，国企稳定，但要看对自己的发展是否有利。外企国企的游戏规则不一样！看你适合哪种了。

■ 花花牛：先想明白以后干什么

问题关键不在于去国企还是外企，而是先想明白了，以后干什么。是做技术（我觉得技术做到高级也可以是终身职业）？还是做管理和市场营销？选做技术，我推崇去外企，培训机会多，技术内容丰富。选做管理和市场，就留下做副总，积累经验和客户资源。这是做IT技术的30岁以后都要考虑清楚的问题。

■ 一清：准备好了总有机会

这是典型的“围城”问题。就看你要解决什么问题？生路还是事业？成就感、制度、投入回报、人际关系等，外企和国企是不一样的。最终你要决定取舍。先衡量什么对你更重要。这是个典型的难题，光想是不行的，不妨行动一下，反正年轻。机会有的是。记住只要你准备好了总有机会。

■ Sony003：考虑现状及性格

如果喜欢冒险是勇气型的，那我想他一定先去外企，竞争比较激烈，完全凭实力取胜。外企福利好，工作环境好，升职加薪的机会可能比较多。但是刚刚开始就等于一切从头再来，新的环境、新的人际关系不一定像在国企做得那么顺的。如果想安逸一点在国企其实也不错的，国企也是重视人才的，而且等年老以后的福利会比外企要好呀。外企就不一样了，说白了只是现在利用而已，应该不会管你以后的事情。

专家观点

赫敦职业顾问：名企高薪只是表象，良好发展是真正需要

1. 综合权衡成本与风险。案例中的“我”显然是想往高处走的主动跳槽者，跳槽去著名外企，还能得到更高的薪酬，但也将失去升任副总的机会。而权衡的焦点就集中在付出这样的离职成本能否获得“物有所值”的回报？名企高薪只是表象，良好的职业发展才是我们真正需要的。不妨把跳槽将会产生的离职成本、风险以及可能带来的机会统统列出来，分成利弊双方，这样将有助于你的判断。

2. 明确自身定位。综合分析自己的性格、能力、专长等各项因素，然后理性地进行职业规划：知道自己适合做什么，现在应该做什么，将来需要做什么。这样才不至于短视。

3. 考虑IT行业的发展特点。表面看案例是跳槽与否的问题，深层次其实是IT人员的职业发展问题。IT行业比较特殊，变化非常快，竞争也很激烈，往往是越年轻越值钱。有些IT人不能全面认识自己，心态比较浮躁，容易攀比，用跳槽的方式缓解工作压力，其实没有认识到这样做的风险。虽然你一心向往外企，但也要考虑现实状况：通常外企招募IT人员也十分看重相关外企经验与背景，外企与国企之间还有一道不可逾越的鸿沟。

通常，IT人很少会想换行业，IT人更多考虑换职业。职业发展的方向问题也集中在是做技术还是选择管理道路，31岁的年纪在IT业做技术并没有太大年龄优势，能从技术转向管理对自己来说既是挑战也是机会，把握好了完全可以再上一个台阶。

增值VS折旧：天花板外的未来

她的年龄、知识、经验、资历都在折旧，似乎看不到这4年来的增值。站在天花板下，却看不清楚未来。

“今天的沙龙活动到此结束，谢谢大家的积极参与。”蒋芳宣布完，长出了一口气。连着两周，蒋芳都在忙着筹办季度客户联谊活动，从前期策划到嘉宾邀请，都是她一个人在忙前忙后。

还有一个月，蒋芳就要迎来30岁生日。眼看就要迈入三字头的行列，蒋芳心里总有些莫名的烦恼。在这家网络公司已经待了4年了，却还是个市场主管，每次市场推广，自己都是脑力、体力一起上。市场总监虽然很器重她，但从来没有与她探讨过职业发展。蒋芳大学是学财务的，毕业后也干了几年专业，但她并不喜欢那些枯燥乏味的数字，她更愿意工作有些变化。

一个偶然的机会，蒋芳经人介绍进了现在这家公司，从市场部文员做起。蒋芳没有任何专业基础，公司草创阶段也没有任何培训，一切都是靠自己摸索出来的，但那时的蒋芳觉得自己成长迅速。然而好景不长，当频繁的加班熬夜成了家常便饭，日复一日的单一流程成了无尽重复，起初她对文案、策划充满创意的灵感和兴奋感早已荡然无存。市场总监总告诉蒋芳，不用挖空心思想点子，每次活动只要弄好礼品把客户哄高兴了就行。随着公司业务规模不断扩大，市场部又进了些新人，蒋芳自然“熬”到了市场主管。主管其实也是徒有虚名，管事不管人，蒋芳倒并不介意，她一向喜欢一个人做事，并不喜欢去管人，只是眼下这种状态让她很不开心。

蒋芳现在有很强的“折旧”感，似乎看不到自己这4年来的增值，虽然进入了一个全新的领域，但积累的经验却是单一的重复。而自己的年龄、知识、经验、资历却都在折旧。相比起很多已是注册会计师或财务经理的大学同学，蒋芳更感到失落。

蒋芳也想换个环境，可如果转到别的公司，位置未必比现在合适。她也曾想转回老本行，却又担心要从头做起，这几年积累的资源岂不更是折旧为零了。不过这种念头只是一闪而过，自己快奔30了，而且还要供房子，这些实际问题都是要考虑的。

现在的蒋芳觉得自己站在天花板下，却看不清楚未来。

身处竞争激烈的职场，只有奋力打拼才有将来。的确，职场没有捷径，但却可以借力。我们这次就借几位经理人的职场阅历，来解决蒋芳眼下的难题。我们请他们以朋友的真诚，同行的眼光，专家的深度，指点天花板下迷惘的你。如果他们的智慧能给你些许启迪，顺利走过职场十字路口的你也许可以无悔今天的选择。

职场女性四大痛点

为什么优秀的她们总是得不到想要的幸福呢？

每天都会做很多的交流，和男人，和女人，和成功者，也和失意者。

每天都会增加对生命的感悟，看到浮华与鲜亮之下的真实。尤其，是她们。

我每每都会被她们身上的美丽和风采所吸引，如此的优雅，让我如何能够不珍爱和倾听。

宽的故事——关爱自己的时候反而痛苦？

“你能够想象吗？在EMBA的课后，我经常坐在一角独自黯然泪下。”宽轻轻地告诉我，即使在这一刻，也像什么都不曾发生过一般，轻描淡写。身为一家全球最著名IT公司的亚太区高级经理，她从来都是以淡雅的微笑面对我。我也从未想过她会以这种方式去哭，因为一切对于她确实太完美——高职、高薪、美好的未来，还有一个有成就的丈夫和健康可爱的孩子。

“也许，当初父母给我起名字——宽，就是希望我能够包容一切，所以我会忍受命运给予我的一切痛苦。”我知道，她确实是这样的。在一次业界著名的公关危机中，身处两难境地的她只是在午夜11点的下班途中，突然给我打了一个电话，说：“你很喜欢你的工作吗？你能够做喜欢的工作真是幸福！”然后告诉我，她会去努力解决这个危机，即使是遭受很多的恶意误解。再一次见到她，就像什么危机都没有发生一样，她确实是一个非凡的女性。宽的婚姻似乎最近也出了一些问题，她曾经崇拜的丈夫好像变了一个人，脾气差得可怕之极，她也不知道自己怎么会嫁给他这样一个自私的人。“我既要做好工作，又要管孩子的所有事情。”因为一直很尽力地做好每一个角色，而总是忽略自己的感受。时间和阅历让她越发重视关爱自己了，但有一天她突然告诉我，也许以前的糊涂反而是一种幸福吧。

娜的故事——勇敢、积极怎么了？

娜是我最近最爱的一个新女性。她在18年前就从外企辞职，开了自己的公司，职业成功和精彩无与伦比。但现在，三个投资项目失败、几次澳洲的来回搬迁让她一无所有了。“我不善规划，而且盲目乐观。如果现在再给我十年时间，我会重新选择另一种生活。”出于对于理财的教训和领悟，40岁的她做了一个让周围人瞠目的职业选择——投身于很具挑战性的保险行业，成为一名保险公司的职员。她很有信心地告诉我，这是一个非常有前途的职业，她想成为一名保险经纪人。她妹妹说：“娜，她就是这样，现在每天挤公共汽车都挤得那么高兴。”当然，她还离了婚。所以，在外人的眼里，她是很惨的。最近她会经常给我发一些短信，告诉我，不知道自己的生活怎么会过成了这个样子。我知道，她很难受，但她也很勇敢。

我们的世界、职场、婚姻乃至生活方式都在日益地多元化，但更大的来自内心的危机却在悄然而至，尤其是对于她们——职场女性而言。周围很多女性朋友，开始领略身为职场女性的艰辛和对于未来的焦虑了。“好朋友患上子宫肌瘤的人越来越多，很多人陷入了周期性的心理恐慌，在午夜会被莫名的清醒所击倒，思考自己曾经的所有选择。”

为什么优秀的她们总是得不到想要的幸福呢?

事实上，女性成长会经历一些“痛”点，如果能够很好地反省，还是可以做出自我调整的。

痛点一：职业成就导致的角色混乱

自我意识觉醒的女性在获得自我的那一刻，如果不能有效控制，就会变成一种自我膨胀。

中世纪，妇女之所以被剥夺受教育的权利，是因为男人不希望她们太过理性，不希望她们产生自我觉醒意识。女性通过教育与社会工作，最大的好处是获得独立和自信，但也会因此给自己套上失去本我角色的枷锁。一方面，独立性代表的是一种传统意义上与女性角色的背离，通过工作成就证明了家庭以外的社会价值。行事风格上，更有理性色彩；另一方面，她们也一直在力图通过工作提升自己更加完美的女性气质，让自己更加优雅，并且在工作中有意识地利用女性优势。女性的生理特点决定了她们即使职业成功也无法摆脱女性特质，这种双重角色的冲突永远无法调和。

现实中，很多女性在分担家庭责任和实现职业理想之间游离，难以找到一种两全的方式；在工作风格方面会经常面临理性与感性的冲突。宽就是这样，她总是在追求完美，因为她一直相信自己应该做好一切。她会主动承担一切责任（工作和家庭的），并坚信自己能够很好地控制和协调。但事实上，这是一个非理性的观念。她不可能让所有的事情都按照自己的意图进行。因此，一旦出现问题，就会难以接受，产生强烈的自我否定感。她一直认为自己是不同的、独立的。而这些问题又让她意识到自己还是一个普通的女性，对于家庭事务的责任也屡屡这样提示她。当有一天她感到自己付出和承担太多的时候，痛苦油然而生。

痛点二：自我期许高导致的高心理压力

尽管目前事业成功，却仍然令自己陷入一种更加尴尬的境地。

女性取得成功比男人更加不易，因此获得的社会评价会更高，也容易产生更高的自我期许和职业梦想。而事实上，供女性发展的职位空间是十分有限的，所以在经历了一段成就带来的兴奋期后，如果工作性质没有太大的变化，就会感受到个人前途的局限性，而过高的自尊会让自己觉得身心疲惫，却毫无退路可言。

如果要形容燕的成功，可以用一句话：从来没有参加过任何的重要考试。因为她一路从小学保送到大学，27岁时就是一个屡次获奖的名记了。但她告诉我：自己很沮丧，因为她已35岁，还没有获得她一直期望的成就。我问她：你的成就是什么呢？她说：获得国家新闻奖，或者写母校的校史。可这一切都离她很遥远了。对于燕来说，也许小时候平庸一点会更好，就不会那么难受，生活也会更轻松一点。

原本高成就追求是一件好事，它一直在驱动人们不断地走向新的挑战和成功。只是优秀的她们很少去反省：什么是成功和自己内心的需要。选择为他人而成功，确实会让自己成为工作的奴隶。

痛点三：判断力过强导致与环境的不适应感

自我意识过分强大，会使个人在应对问题时更关注个人感受，喜欢评价外界的人与事，强调自我主张，追求一种并不存在的合理化。

一个最简单的例子就是很多已婚职业女性家庭问题严重，对丈夫的赞许度在降低。而且在工作中，由于过分相信、坚持自己的职业主张，会引起与同事的沟通问题。

社会心理学家曾经对成功和不成功的婚姻做过调查，发现不成功的婚姻，夫妻双方都会认为自己的认知能力更高，而成功的婚姻双方会认为彼此的认知能力相同。工作上，道理相同。认可每个团队成员是角色和优势不同，而非能力差异，将会创造一个更有效率的团队。可惜现实中，很多优秀女性由于能力超强，又不善掩饰和控制锋芒，而遭受职业和家庭的重创。

痛点四：追求变化的驱动力导致的高职业风险

在职业领域有所建树的女性，都非常勇敢并乐于接受挑战，她们寻求突破和变化的驱动力会更为强烈。在评估新机遇时，会以追求更大挑战为目标，而不能客观评估项目的可行性以及个人的下一步发展目标。一旦新职位失败，退路较男性更为狭窄。我们看到很多优秀职业女性会以开办个人机构（既能延续个人专业，又能拥有个人自由）为发展目标。

娜就是这样的典型代表。“她充满理想主义色彩，总是充满活力，信心十足，即使在面临一无所有的状况下。”理想化的她终于开始明白，人生不能太自由，还是应该有法则的。自由的人从某种角度看很自私，因为她更关注的只是自己。娜现在很高兴，她终于意识到问题所在，开始对自己随意的生活方式有所约束了，思考如何选择一种突破自己和理性兼顾的生活方式。

女人在工作中追求实现感，重视工作赋予个人的新女性风采，而很少会将工作的目标定义为做一份事业。对于过程的重视令女性分外敏感个人体验与价值，对于自我的过于积极评价也会令女性在职场和生活中承受更多来自现实的压力。发现并面对真实的自我是个体发展的一个重要突破，但如果控制不好反会适得其反，尤其是面对压力和挫折时，产生“自我否定”的想法而导致精神困扰。

有一部美国影片《复制娇妻》，讲的是失意压抑的男人将她们的成功妻子变成温柔性感的娇娃，这代表了男性普遍的期望。但最有戏剧性的情节在于，实现这一发明的是一位成功的女性生命科学家，她因为对于工作的厌倦，而决定将女强人都改造为没有思考能力的真正女人——一种完美的女性形象。一个成功女性用技术颠覆她的成功！

其实，什么是职业赋予女性的价值呢？它并不是通往另一种生活品质的阶梯，职业是引领我们通向智慧的过程。我们不断在找寻个人价值、生命意义，在自我体验和否定中成长。成功意味着你建立了爱的关系（家庭，友人，社会的），享受你的职业，并找到自己与生命、地球之间有意义的连接。

女性朋友，用更平和的心情珍爱自己，当你学会与“我”说再见的时候，你会更加快乐！

> 对于过程的重视令女性分外敏感个人体验与价值，对于自我的过于积极评价也会令女性在职场和生活中承受更多来自现实的压力。

水土不服，所有问题的归结：利益

只要能跳到更高职位、拿更多薪水，谁都会开心。但是，新环境、新工作中的“水土不服症”也随之蔓延……

有人说：职业人待在同一家公司的最佳时间是3~5年，少则太短，竞争力不足；多则太长，无法突破职业瓶颈。不管这种说法是不是正确，只要能跳到更高职位、拿更多薪水，谁都会开心。但是，新环境、新工作中的“水土不服症”也随之蔓延。所谓“橘生淮南则为橘，生淮北则为枳”，而不同类型的人有不同的水土不服。

对号入座看水土不服

强势者：三把火的无疾而终

A先生是因为在原公司非凡的渠道拓展能力和销售业绩而被这家公司看重，委托猎头重金聘来担任渠道经理的。A先生对于职位和薪金的上升颇为满意，准备用更好的业绩来回报老板对自己的器重。

他针对部门内臃肿的人员编制、与分销商僵化的关系、混乱的渠道管理等一系列的问题进行了大刀阔斧的改革。根据他原有的成功经验，从人员裁减岗位重新分配、招募新人扩大销售队伍，到召开分销商大会，寻找新的分销商并给予更多的优惠……

一切看起来热火朝天，但A先生在改革的逐步推进中，却感到了越来越多有形无形的力量，阻挡着前进的势头。首先，在人员的重组上，因为牵扯到太多人的得失，不但本部门对他的指令视而不见，就是别的部门，也开始和他扯皮；其次，在渠道建设上，太多历史遗留问题还未解决。新一轮的合作中，下属执行力不足，很多优惠政策和推进政策并未落到实处，分销商开始不满。而当A先生忙得焦头烂额之时，更多的人只是在那里隔岸观火。半年下来，业绩并未上升，A先生面对老板越来越严峻的脸，薪水也拿得烫手起来。

综合看，我们不能不说A先生太过急于求成。新官要想在短期内树立起威信，大刀阔斧地改革，似乎成了绝大多数人的首选。问题在于，A先生在把他的成功经验移植到新事业上来的时候，没有去具体分析两者的市场差异，更重要的，他忘了考虑两家公司之间最大的变量——人。

失势者：淹没在人际关系的海洋里

B先生原先是为这家企业服务的营销公司策划，因为合作甚欢，这家企业干脆把他挖过来做品牌经理。不过，B先生的角色转换，让一切都发生了转换。原先，作为企业“外脑”，老板见了客客气气，与其他部门也都没有严重冲突。而这一进来，各种矛盾立马显现。

B先生是营销专业毕业的正规军，在他看来，现代企业的竞争，就是品牌影响力的竞争。因此，上任之初，就提出了一系列品牌建设计划。但是，计划刚一提出，就被各个部门经理群起而攻之。财务经理反对，公司的现金流本身就不多，品牌建设，究竟什么时候才会有回报呢？销售经理不满，马上可以带来收益的渠道建设公司不给钱，为什么要花钱去做这些华而不实的东西？其他经理也都是纷纷附和，反对他的这个费用庞大的计划。老板一看大家都在反对，便让B先生去重新修改计划。

无奈之下，B先生将其费用砍掉了将近四分之一，可开会的时候还是被否决了。最后，只剩下了原计划支出的三分之一。看着残缺不全的计划书，想着手上少得可怜的费用，B先生似乎已经预见到了品牌建设的失败，可是，他还有退路吗？

这类水土不服，我们更多的可以理解为一种不同集团之间的利益纷争。大家宁可一碗水端平，而不愿意让你一枝独秀。当然了，说得好听一点，我们也可以称之为企业文化的不适应。企业文化，是每家公司无形的土壤，而这个“无形”，却是由“有形”的人所构造的。

对势者：老板会让你赢吗？

C先生被一家房地产公司聘为项目经理，但他在进入这家公司不多久，就发现了老板在经营思路上的问题。

作为房地产行业的资深经理人，C先生一直都认为，项目的选择是由市场而定的，别人愿意购买的项目才是好项目。为此，他通过仔细的市场调研和分析，为老板推荐了一个旧楼改造项目。可是，老板却以资金无法周转、回报难以评估为由，将其砍掉，而派他去武汉接了一个3.4亿元的烂尾楼，并在前期投入了500万以后就置之不理了。

C先生又为老板推荐了几个不大，但是稳赚的项目，可都被一心要做大的老板一一否决。为此，C先生不知道和老板争执了多少回。看着老板越来越阴沉的脸，C先生只能以退为进，去做那些根本不知道什么时候才能赚到钱的酒店项目、批发市场项目，而眼睁睁地看着自己原先推荐给老板的楼盘，在别人手中翻倍火爆销售。

不甘心一事无成的C先生，又找到一个好项目之后，拿着一叠资料和分析报告再去找老板，可是话还没说完，老板就插进来一句："你把手上的资料先搁着，重庆的那个项目你去跑一下，机票已经订好了，明天动身。"然后就低着头再也不理他了。

郁闷之至的C先生回到自己的办公室，一边在思量着，从重庆回来以后，是不是就该把老板给炒了？

C先生在企业的整个发展思路上，与老板之间都存在着严重分歧，而C先生偏偏又不是一个得过且过的人。但是，仅仅作为一名职业经理人，C先生与老板的抗衡，无异于以卵击石。对于他来说，这是一种根本上的无法适应。

水土如何能"服"

水土不服，所有问题的归结点就只有两个字：利益。

任何企业要从外部去聘请一位经理人，无非是看重他过去的业绩，期许着能够为自己的公司带来更大回报。但是，每一家公司都有不同的土壤，在前一家公司一帆风顺，并不代表在后一家公司仍然能够如鱼得水。如果不去先探一探这块土壤的酸碱度，而一味地以自认为正确的方法来栽培，那么，由"橘"

变“枳”，也是一种必然。

综合以上的三个例子，我们不难发现，除了在选定一家公司以前擦亮自己的眼睛，找寻最适合自己的土壤以外，如何平衡方方面面的利益关系，则是经理人避免患上“水土不服症”的一剂良药。而利益的平衡，要顾及三个方面：

公司利益

更准确地说是投资者利益。其实，这是所有经理人都最为关注的，是在账面上体现经理人成功与否的标准。关于这一点，无需多说。只是想提醒一句，每家公司的战略和市场各有不同，不顾实际地全套照搬，是永远也不会获得成功的。

员工利益

这包括平级间和上下级的。新官上任，对于企业中旧有的不完善之处，总希望可以一步到位，立马改善。但是，每一个企业都有其特殊性在里面，所谓“知己知彼，百战不殆”。如果新到一个公司，还没有弄清楚里面复杂的关系之前，就贸然行事，不但容易损害到各方利益，而且还很容易改革受阻。谁都知道，独木不成林，要想事情成功，必然要得到下属和其他部门的共同协作。而毫无疑问，当别人的利益受损的时候，他是不会尽心尽责为你谋取利益的。所以，从这个角度上来说，建立与平级和下级之间的信任度，整合好内部关系，才是改革成功，进而保证公司利益的前提。

客户利益

所谓的客户，也都是因公司而异的。对于生产厂商来说，分销商是客户；对于零售商来说，消费者是客户。但不管怎么说，一切计划的制定和执行，都是从实际出发，围绕公司和客户之间的双赢目标而进行的，更多客户得到了利益，也就意味着公司得到了更多利益。

> 要想事情成功，必然要得到下属和其他部门的共同协作。当别人的利益受损的时候，他是不会尽心尽责为你谋取利益的。

自己向左，企业向右

如果公司在发展，而个人没有前进，从另外一个角度来讲就是在“退步”。

岁末年初，同事之间谈论最多的就是最近谁会离开。赵明没有参与到谈论之中，但他的辞职报告早已经在自己的抽屉中放了有一个星期了。赵明从毕业到这家公司现在已经有8年多了，虽然现在早已坐到了区域经理的位置，但他还是在最近下了决心准备辞职。

赵明是学营销专业的，毕业后就来到这家公司的销售分公司，被分配到了一个二级市场做业务工作。通过一年多的锻炼，赵明成长得非常快，成了销售团队中的明星队员。后来公司在另外一个城市开辟市场，他被抽调到新市场工作，任命为区域经理。组建团队、铺货等工作进展得非常顺利。但就在市场基础刚刚打好不久，公司又任命赵明去开拓另外一个新市场。就这样，赵明成为了“工程兵”，永远是先遣部队，在每一个新市场中做着基础工作，几年过去了，赵明的职位仍然是区域经理。随着一些主要市场的开发完毕，赵明过起了“安稳”的生活，在最后这个战场上固定了下来。

几年“工程兵”下来，赵明业务能力得到了很大的锻炼，他也被定义成了优秀的区域经理。于是赵明又多了一份新的工作，从区域经理正逐渐转变为公司的营销培训师。每年，赵明要往全国各地跑，为经销商以及新招聘的业务员进行业务知识培训，最近公司干脆一纸调令把他抽调到总部，做企业内部培训师，专门负责业务培训。

但赵明的职业目标不是成为培训师，而是希望带领团队在市场中拼杀的营销高手，他希望自己能够在业务员——区域经理——大区经理——营销总监这条职业路径上实现自己的职业目标。早些年，随着公司发展越来越快，赵明曾想过和领导提出升职，但赵明是个先做事再讲价的人，所以服从了公司的安排。但现在职业发展出现了转折点，赵明就这个问题找领导进行过沟通，公司考虑到他确实很有能力，也本想提升他做大区经理。但由于这些年一直在市场中打拼，而如果进入一个侧重管理大于业务的管理岗位，赵明自身的管理能力就出现了短板。于是纵向向上走就出现了困难，赵明必须要在变换坐标和脱离坐标系之间进行选择，最终他选择了后者。

如何跳出短板

分析赵明的案例，可以看得出赵明的选择也是无奈之举。但造成今天这样局面的原因，不仅有企业用人方面的原因，赵明自己也是有一定责任的。

● 克服短板，进行能力积累。职业生涯规划目标实现的一个重要条件就是：你必须要具备职业目标所需要的特定职业技能。很多时候，你所喜欢做的事情和你擅长做的事情是有所区别的。擅长做需要一定的思维结构、知识结构、能力结构，但这不是一句喜欢就可以了，需要知识及经验的累积。赵明的职业路径设计清晰，但他没有进行足够升职的能量积累。当他作为区域经理的时候，上一层级的职业目标所需要的侧重于管理的能力，他没能及时进行补充，并最终成为其升职的拦路虎。如果赵明能在区域经理位置做好本职工作的基础上，开始进行对应的能量积累，也许就不会出现最终的结果。

赵明要进行能力积累，必须要清楚上一职位层级需要什么样的能力。例如在区域经理的上一层级大区经理位置上，他所关注的不仅仅是产品的铺货，而是协调区域市场以及总部之间的关系，在二者之间进行相关信息流的采集、分析及传送。在这个过程中，对于在岗人员的分析能力、协调沟通能力以及行政管理能力都有比较高的要求。搞清楚了需求，就可以有针对性地进行积累了。

● 改变相对静止的职业烙印。赵明在区域经理的位置上做了有6年多的时间，其间都没有获得提升，而在此过程中，公司发展迅速，这才使得赵明成为了一个“工程兵”，为企业市场开辟进行前站工作。个人发展应该是建立在公司发展基础之上的，这是一个大的前提。但如果公司在发展，而个人没有前进，从另外一个角度来讲赵明是在“退步”，所以赵明的发展速度与公司的发展速度明显不匹配。这种不匹配的最终结果是前面的榜样越来越多，而后面的追兵是越来越少。赵明的这种相对静止，使得赵明的职业烙印特别深，这也是其最终在公司的概念中只是一个优秀的区域经理的主要原因，这种概念如果在短时间内不能形成推动，就会成为一种成长的障碍。

职业烙印往往是来自于岗位的停滞不前，而且是在这个职位上的突出表现。工作表现突出无疑是值得称赞的，要解决的就是职位转换的问题。这就需要在工作中，体现出自己能力的另一面。这另一面可以是横向的复合型能力，例如在营销的位置上，体现出自己很强的行政管理能力。也可以是纵向的专业能力，例如做工作领导的预期只是80分，但如果你做出90分的结果，无疑给自己提高了上升空间。

● 幸福是要靠自己来争取的。赵明6年没有实现区域经理的职位突破，一方面是公司希望通过他的区域市场开发能力打开市场，而另外一方面也是赵明没有进行职业争取的原因。赵明只顾埋头做事情，不计较个人得失是值得赞扬的，但有些时候幸福是要靠自己来争取的。很多时候，我们不能强求公司主动来为我们考虑，而且企业也并不一定清楚我们最喜欢做哪些工作，最擅长做哪些工作，因此主动向公司提出自己的工作设想，或者直接地申请升职并不为过。事实上，公司很欢迎职员主动地把自己个人的职业生涯规划相关信息与公司进行沟通，因为这样公司可以更合理地使用人才，从而避免人才的流失。

在本案例中，赵明最后选择了离开现有的公司。其实如果他找到了今天结果的症结所在，即使不离开他也一样可以达到自我职业目标的实现。赵明完全可以把内部培训师作为自己的一个职业跳板，抓住这个职位思考层面比较高，而且时间相对富裕的特点，站在大区经理的位置上去思考问题，并通过与其他大区经理的接触来学习、提升自己的工作能力，当赵明的能量积累足够适应大区经理岗位需求的时候，坐到这个位置也就是水到渠成的事情了。当然他也可以去尝试喜欢内部培训师这个职位，以前的不喜欢也许是因为不了解，当他对这个职位有了更多了解以后，也许他能够找到自己的另外一条职业路径。

事实上，公司很欢迎职员主动地把自己个人的职业生涯规划相关信息与公司进行沟通。

只要个人能够主动争取，个人职业规划与企业发展速度就会匹配。只要你有能力，公司一定不会和你一个向左一个向右。

面试与跳槽

我的七次面试

在他说完Thank you后，向我伸出手来，我知道这七次的面试我成功了。

2005年1月26日，握在手里的签字笔终于轻轻地落在入职

确认函上，我签下自己名字的同时却感不到一丝的轻松。经过了七次的亲密接触，七次的唇枪舌剑，这或许就是我想要的结果吧。

2004年11月7日，电脑屏幕上的时间是晚上的7:40。我正准备着明天将要讨论的《企业授权体系建设方案》，手机铃声打断了我的思路。电话另一端是华南地区一家知名猎头公司。一家世界500强企业（简称ME）由于在中国的业务发展需要，在兼并和收购了很多国企后，随着业务发展，需要对工作流程和组织体系进行完善，迫切需要找到一名OD（组织发展）经理。在近一个小时的电话沟通后，我大致对这个企业的背景和职位要求有了一定的了解。望着屏幕上完成了大半的方案，我在反思自己，我该如何取舍？

与猎头过招

——随时可能终止的面试

2004年11月11日

广州某国际电子大厦

接到猎头电话后，我还是决定去尝试一下，或许认识新的领域也未尝不可。于是，当天晚上，我走进了猎头公司的面试间，从职业生涯的发展方向的讨论到案例分析，接近两个小时的交流，我对自己以前的职业选择有了更深刻的认识，如果没有国外新公司的筹建经历、没有国外留学背景、没有一定的英文水准、没有企业综合管理经验，我或许就不能坐在这里。从他们的表情来看，他们对我的回答相当满意。

周末的夜晚，我和猎头公司的副总经理碰面了，开始以为又是一轮面试，但这次见面仅仅是就我的兴趣和过往一些收获的讨论，在就这些问题的沟通中，我才知道，如果没有一直在外资企业的工作经历（ME坚持要求一直在外资企业工作），也许我的面试到这里就停止了。在对我提出了一些以后职业发展的建议后，他们做出了正式推荐的决定。

第一关总算顺利通过了，我舒了一口气。没有五年的积淀，这次面试随时都会终止。

我的职场五年

——选择离目标最近的路

2000年大学毕业后，我从武汉南下广州，在一家台资企业做人事助理。当时我朦胧的职业目标是五年内做到外企中层，我也一直在努力地找寻新的锻炼机会。2000年8月，在经过严格甚至是残酷的笔试、面试后，我成功地进入了一家世界500强的IT企业（简称AI），开始了自己职业生涯的真正起点。

2001年2月，我被派到国外系统地学习BSC的实施体系和操作实践。回国后我便被派往新加坡，协助新加坡分公司的建立。在这里工作的一年中，在整个企业的筹建和发展过程中，我接触到的企业管理层面越来越高，获得了更多的锻炼机会。最重要的是，这样的机会使我的管理工作突破了人力资源管理的局限，向企业管理的纵深发展。

新加坡公司的运转基本上趋于正常后，按照公司总部的要求，2002年4月，我回国参加香港公司BSC体系的建立工作，并同时兼任大中国区薪酬和福利助理经理。在这样一个挑战性极高的工作中，我感觉到管理经验和专业知识体系的欠缺，于是，我选择了继续深造。借遍了身边所有可以借的钱，留下够弟弟上学的数目，2002年8月，我开始了自己在英国LMS（利物浦管理学院）的MBA留学生涯。

2003年9月取得学位回国后，我回到了原来的公司，在公司里担任企业策划及人力资源部经理，开始了人力资源管理的全面体系工作。同时我也产生了职业与职业道德的困惑，在确认自己已经无力去改变的时候，我选择了离开。

鉴于我的国外教育背景和曾经的海外工作经验，一家正欲开拓中国市场的国外航空工业公司和我达成了工作意向。我以中国区人力资源经理兼国际业务发展部经理的角色，重新投入到这家企业在中国的业务征程中。这一年，我收获颇丰。我在公司与国内几家公司的合资中，从业务体系的整合、股东权益的谈判、业务流程的梳理、企业经营管理权限的配置中都取得了重大的进展，并成功地在上海开设了新的独资公司。虽然这一年的辛苦和压力大大超过了以往的任何时候，但我已经成功进入了国际融资领域和国际业务发展体系中，这全面提升了我的职业面以及管理高度。同样重要的是，我在个人待遇方面也有了较大改观。

连闯五关

——与ME的亲密接触

2004年11月24日 ME OFFICE

在猎头公司做出推荐后不久，我就收到ME人力资源部的面试通知，24日晚上，我见到了ME公司的人力资源经理，面试是在全英文的交流中进行的。很快，她的问题转到了企业管理流程和战略制定上。原来在AI做BSC体系时，曾经接触到企业各个层面的流程、体系让我对这个问题对答如流，甚至我还就一些问题展开了讨论。在战略投入、战略制定、战略实施的各个细节上，我们聊得很为投机。面试结束后，从她的眼神中，我知道我成功入围了下一轮。

2004年11月27日 ME OFFICE

再次来到ME的OFFICE后，一个50岁上下的加拿大人接待了我。他是ME的副执行董事。这次面试与以往我经历的所有面试均不同，他需要我回答的全部都是管理理念和对融资中中西方管理文化差异的认识。我结合从新加坡筹建合资公司到上海成立独资企业两次投资经历，谈了我的切身感受，也提出了差异处理的意见和办法。我们谈得很深入，一个小时后，我们握手分别时，他期望我能尽快去了解ME的背景，并就兼并和收购中如何处理中西方文化差异下的企业组织流程提出一份可行性报告。

2004年12月11日 ME OFFICE

在提交了这份报告不久，我再次接到他们的面试电话，严谨的人力资源经理通知我此次面试是case study。当晚进入他们的会议室时，已经坐满了ME的人，包括华南区各部门负责人，以及与我曾经沟通过的Mr. Daniel（ME的副执行董事）。此次case study是就西南地区的一家企业兼并中出现的一些问题，请我与其余两名候选人提出切实的改进意见和方法。

此次case study持续了四个小时，我结合当时在筹建过程中出现过的一些问题提出了一些较为实际的改进方法，关于我的报告和分析就讨论了两个半小时。这一点，在我与其余两位候选人的竞争中，提供了核心竞争力。

2005年1月5日 ME OFFICE

按照上周的通知，我与ME的中国区执行董事见面了，他对将来的一些工作方法和目标提出了期望和要求，并对我今后的工作提出了一些建议。这次面试（如果可以说是面试的话）是我最轻松的一次，我回答的很少，主要是就他提出的诸多问题做记录。在他说完Thank you后，向我伸出手来，我知道这七次的面试我成功了。

我和ME互相选择了对方，我也选择了全新的职业起点。

经过了七次亲密接触，七次唇枪舌剑，我从初出茅庐的大学生成长为跨国外企的中层经理。职场五年，我一次次选择，一步步走来，才有了今天的职业起点和竞争力。

如果没有国外新公司的筹建经历、没有国外留学背景、没有一定的英文水准、没有企业综合管理经验，我或许就不能坐在这里。

虽然这一年的辛苦和压力大大超过了以往的任何时候，但我已经成功进入了国际融资领域和国际业务发展体系中，这全面提升了我的职业面以及管理高度。

谁是猎头最感兴趣的人

只要你埋头苦干，干出像样的活来，达到自己的目标，让你的老板风光——那我们就会找到你。

罗谢先生40年前加入海德思哲国际咨询公司（Heidrick Struggles），如今担任该公司的资深主席，在业内进行的一次调查中，他被冠以“20世纪猎头”的称号。

IBM的故事是这位伟大猎头的最爱。当初，郭士纳先生也是一口回绝了他。“他们不是直说让我走。越是优秀的人越难‘挖’到。他们都是大忙人，不喜欢三心二意。当你追踪企业界的大人物时，你需要耐心。”

这位伟大猎头最感兴趣、最想猎的人是什么样呢？

猎头最感兴趣的人

罗谢每天都会从世界各地收到上千份简历，“这说明许多人不满意自己的工作。一般来说，那些快乐、富有成效、得到重视的人不会送简历来。”而罗谢最感兴趣的正是那些工作开心的人。

那怎样说服他们跳槽呢？罗谢说：“奇怪的是，吸引他们的不是薪酬。”他们能挣多少钱固然重要，但这不是他们跳槽的主要原因。

“他们一天顶多吃两只鸡蛋，一次只能开一辆车。”他们真正想要的是，首先，要自己做主。其次，他们想确信自己和新同事一起工作会开心，新行业是自己喜欢的，而且是在一个他们喜欢居住的地方工作。

猎头最不喜欢的人

“我们会去理解猎头对象的个性。”罗谢先生说，“这是个什么样的人？这与学历背景或者他的职业特长无关。这不是智商的问题，也不是教育的问题。他的个性和价值观才是真正的关键所在。”

即使人们不打算换工作，他们也喜欢被人需要的感觉。许多人有兴趣让自己成为猎头对象，只是为了在现有职位上能提出更高的薪酬要求。罗谢显然最不喜欢这类人，“如果你被那些从头至尾就是想利用你的人欺骗，那么你的工作就不会有效率：你成了‘追星族’，只是帮助那些家伙得到升职，增加收入，还跑到他们的CEO面前说：‘你知道今天有人答应给我多少薪水？’”

那么，对于那些开心、富有成效，但又希望猎头公司打电话来的人，罗谢会给些什么建议呢？

“他们应当埋头苦干，干出像样的活来，达到自己的目标，让他们的老板风光——那我们就会找到他们。”

争取被猎的最佳方法

猎手们只想帮助客户找到合适的人，然后赚到应得的服务费。

曾看过一本名为《猎头宝典》的书，作者阿伦·施龙伯格在书中《争取被猎的最佳和最差的方法》这一章节里，对那些希望猎头公司打电话来的人说，“如果你恰好是老板的女婿，就比你守在公司大楼外面树着‘找我吧’的牌子下要好得多。”作者的言下之意是：如果你与猎头公司有良好的私人关系，这将是得到更多被大公司青睐的最佳方法；相比之下，登门造访或寄简历给猎手则是获得面试最差的方式。一段时间，迷信关系学的我对此理论深信不疑。

但是最近，海德思哲国际咨询公司的资深主席杰拉德·罗谢在接受英国《金融时报》采访时所说的话让我觉得自己之前的看法简直舍本逐末！他说：“希望猎头公司打电话来的人，他们应当埋头苦干，干出像样的活儿来，达到自己的目标，让他们的老板风光——那我们就会找到他们。”

罗谢先生说得的确是大实话，难道猎头公司的猎手们想找的不正是那些开心得不想换工作的人，然后想尽一切办法说服他们跳槽吗？

多年前，罗谢先生第一次给郭士纳打电话，让他出任IBM首席执行官时，郭士纳先生竟然“请他走开！”“但每个被猎的人才都这样。他们不是说让我走远些，就是说对换工作不感兴趣。然而他们在新的氛围里都工作得很开心；越是优秀的人越难‘挖’到；优秀人物都是大忙人；优秀人物不喜欢三心二意。但是我们做猎头的人，就是喜欢追踪企业界的大人物，虽然这需要极大的耐心，但是我们都愿意为这样的人付出耐心。”罗谢先生说。

许多人有兴趣让自己成为猎头对象，只为了在现有职位上能提出更高的薪酬要求。其实这种情况一直在发生，这种想法大家也都能理解，因为：即使人们不打算换工作，他们也喜欢被人需要的感觉，这难道不自然吗？“这很自然，但如果你设身处地，站到一个猎头的角度去换位思考，你就会明白猎手们可不是“追星族”，他们的目的并不是帮助有这些想法的家伙得到升职或增加收入，还让他们有机会跑到他们的CEO面前得意洋洋地炫耀：“你想知道今天有人答应给我多少薪水吗？”猎手们决不愿意做这样的事，他们只想帮助客户找到合适的人，然后赚到应得的服务费。至于对那些从头至尾就是想利用他们的人，猎手们不是傻瓜，他们都很清楚该如何对待他们的简历才会使自己的工作更有效率。

每天，不同的猎头公司会从极度渴望跳槽的人那里收到数以百（千）计的简历。对猎头来说，这说明什么呢？这说明许多人不满意自己的工作。一般来说，那些快乐、富有成效、得到重视的人不会递简历到猎头公司去。而猎手最感兴趣的正是那些工作开心的人，毫无疑问。所以，对于那些工作开心、富有成效、但又希望猎头公司打电话来的人来说，根本无需慨叹自己没有一个开猎头（咨询）公司的岳父，其实猎手的目光已经盯上他们了。

越是优秀的人越难“挖”到；优秀人物都是大忙人；优秀人物不喜欢三心二意。但是我们做猎头的人，就是喜欢追踪企业界的大人物，我们都愿意为这样的人付出耐心。

面试后，猎头的任务才开始

猎头提示：对你（候选人）而言，面试之后，猎头的任务才刚刚开始。

合格的候选人经常会错误地评价自己——他们不是高估自己就是低估自己，因此，面对用人单位和猎头，他们不是显得傲慢，就是过分急于求成。这两种心理都是十分有害的。了解自己究竟是怎样的并把它准确地传达给用人单位极其重要，而利用猎头正确评价自己、间接了解用人单位和传达自己的想法，正是猎头存在的价值之一，也是找到理想工作过程中关键的一环。

伊索寓言中有个关于伯利顿的驴子的故事，它站在两堆草之间，决定不了应该先吃哪边的，最终被饿死了。

磨磨蹭蹭

今天，一个候选人打电话向我抱怨：“用人单位甚至连两个星期都等不了吗？他们和你都对我说，我是最合适的人选，为什么最合适的人选反而被淘汰？他们对人才有没有起码的尊重？”

作为猎头公司的顾问，除了道歉和一再表示“用人单位急需人才到岗”以外，我用最诚恳的语气告诉他：以后还有更好的机会。但是电话挂断以后，我也有些沮丧，毕竟，他的确是最合适的人选，无论是他的学历还是阅历。但是“两个星期的思考时间”使他把本来属于他的机会拱手让给了别人。其实，我真的很想对他说：如果你得到了理想的工作，而且聘用条件也合乎你的期望，那为什么不当即拍板呢？如果你还有所保留，可以要求一定的思考时间，但两个星期的时间的确太长，态度也太傲慢。你完全可以通过猎头转告用人单位：这对我来说是个重大的决定，而且会影响到我的家人。我想跟他们再谈一谈，我能在两天内做出答复吗？相信所有通情达理的公司都会接受这种请求。

每个猎头都曾经遇见过由于太磨蹭而被别人取代的候选人。我曾记得有个候选人对用人单位说：“我开车到家大概需要两个小时，那时我会做出决定，到时候我打电话给你。”但当他真的打电话时，已经有别的候选人取而代之了。

一个好的猎头会及时建议候选人尽快做决定——最好是在

夜晚来临之前。但是一个经常接触猎头的候选人也会在自己还没有作决定的时候与猎头沟通，从他们那里得到用人单位的信息，以帮助自己作决定。如果用人单位急着用人，那么候选人会从猎头那里得知：如果迟迟不定，公司可能会收回承诺。没人想招一个没有决断力的员工。虽然候选人可以向自己的猎头、朋友、家人或导师谈谈，甚至可以请求三到四天的宽限期，但如果有别的候选人也在盯着这个职位，应征者最好还是赶紧做决定。如果总是磨磨蹭蹭，公司就可能雇用别人。

当然，如果候选人决定拒绝一份工作邀请，至少要通过猎头通知这家公司，这是起码的礼节。而且，你可能会在下次来应聘这家公司，或者这种联系可能在将来对你很重要。

拖延战术

当我们告诫候选人必须果断行事的同时，我们也要提醒他，不仅候选人可以脚踩两条船，利用猎头找寻人才的公司也是一样。

顾客经常搪塞推销员的说法是："我会再找你的。"几天甚至几个星期过去了。每次推销员打来电话，都会听到"我还没决定好"的答复。最后，推销员只好放弃了。事实上，我们都曾遇到过类似这样的拖延战术。但是我发现，一些正在通过猎头找人的公司也时不时会使用这种拖延战术。

前些日子，有一家英国企业通过我们（猎头）面试应聘者，说是要填补一个物流经理的空缺。我们很快就锁定了几个候选人，一个曾经在GE做过物流经理的应聘者成了我们的最佳人选。在经过多方位、多位候选人的比较，闯过一系列的面试之后，这家英国企业也认定了我们确定的这个最佳人选，但不知为什么，却迟迟不肯发出offer，他们对候选人说："当我们决定上岗的时间时，会立即通知你的。"作为猎头，我知道这句话意味着要候选人无限期地等待。即，如果你并不是公司最想要的，公司也不急于雇用别人，或者公司还会有其他方面的考虑，候选人就会遭遇公司的拖延战术。但是作为候选人并不知道这些，这位准物流经理很快就向原来服务的公司递交了辞职信。

正如我们所了解的，拖延战术比立即拒绝还惨。这位物流经理满怀希望却只有坐等，为了这份工作他甚至推掉了其他的选择，但是结果让他失望。当候选人发觉拖延战术被用在自己身上时，他由满心期待变得愤怒不已，他没有和我商量，就打电话对当时面试他的负责人说："左先生，两星期前你告诉我公司会对上岗的时间做决定。你知道我对这份工作很感兴趣，能告诉我最终结果吗？"

一般情况下，当候选人这样去质问对方时，形势已经对他非常不利了。

猎头帮候选人获得了面试，但他的工作并没有结束。事实上，他所提供的服务往往被证明在面试后更加重要。这是真的，直到你敲定理想工作的时候他的事情才算做完。

利用猎头

不论是候选人的犹豫不决，还是用人单位的拖延战术，候选人其实在猎头的辅佐下已经获得了面试的机会。猎头帮候选人迈出了坚实的一步，但他的活儿还没完。事实上，他所提供的服务往往被证明在面试后更加重要。他能够在此时帮助候选人正确地评价自己，并把用人单位的信息准确地传达给候选人。

所以，面试结束之后你要见的第一个人就是你的猎头。称职的猎头应该尽快与你联络。他应该听听你的感想，了解你对公司、职位、与考官的关系进展等问题的看法以及你所关心的其他问题。他会问很多问题，并且想了解所有细节。

如果你没有能得到工作，他会帮你分析原因。可能他已经和考官讨论你的问题。作为中介人，他能得到两方面的反馈。他可以探听到应聘者自己很难得到的用人单位的秘密信息。根据双方的反馈，猎头可以继续安排面试或决定到此为止。

当误会发生时，猎头作为中间人的作用就更不可替代。考官可能会产生不必要的疑虑，通过与猎头的讨论，他可能重新燃起对应聘者的兴趣。否则，这个候选人可能就会直接被刷掉。另外，应聘者可能也会对工作有一些不必要的犹豫，而考官虽然没有当面做出解释，却可以通过猎头传达。

我难以确切地数清这种事情在我身边发生过多少次，但通过进一步的交涉，最终达成了双方都能接受的决定。而许多这样的决定都经得起时间的考验。如果猎头们不介入，当事双方可能就没有机会再见面了。

作为第三方，猎头还可以加快议事的进程，因为他知道应聘者可能还有其他机会。通过向用人单位透露这种信息，他们可以促使考官早作决定，否则最终的决定可能要拖好几天。同时，猎头还可以鼓励那些过低评价自己的应聘者，让他知道其他参与竞争的候选人都比不上他。通过加快决策过程，猎头们可以一手制造出双赢的结果。

你的下一次，正还是反

很多经理人把自己当成硬币，在市场上抛来抛去，明明每次正反的机会都是50%，自己硬是相信下一次一定是“反”面！

不一样的第六次

让我们来做一个测验：

我手里有一个硬币，往上抛，你猜猜落到地面的是“正面”，还是“反面”？

请记录你的答案。

好，我抛了……继续到第5次。

现在第6次，我不是现在抛，而是明天抛，或者明年抛；不在广州抛，我去巴黎旅游才抛，你选择什么？

现在我告诉你我在培训课上这个测验的结果：

第一次，选择正反面的大概都是50%。这是概率常识，大家随便选。

第二次，由于第一次出现正面，大家按照概率常识，选反面的人比选正面的多。

第三次，选反面的人更多。

第四次，只有一个选正面，他的理由是：“我赌你继续假设正面，其实我心里选反面。”大家笑了起来，我叫他别理我的假设，我只是想知道在日常生活中，出现这种情况大家会怎么选。

第五次，100%选反面。

第六次，100%选反面。

“第六次，我不是现在抛，而是明天抛，或者明年抛；不在广州抛，我去巴黎旅游才抛，你选择什么？”

选正面和选反面的又是差不多各占50%。

有所悟的人笑了起来！

为什么第二次开始，选反面的人会越来越多？因为“概率”观念告诉我们这样做。

为什么最后我在巴黎抛第六次和在现场抛第六次的选择大家会不一样？

因为我在现场继续抛时，“出现反面的概率大于正面”的观念存在人们心中；而我“等明年在巴黎抛时”，人们就不再将我前面5次纳入统计，于是概率上正反都是50%！

“你们为什么不把我第二次抛看成在北京，第三次抛看成在伦敦……呢？看看理论如何误导你们！”

无论我前面抛了多少次正面，下一次抛硬币，正反的几率都是50%。

这就是理论和生活实践的区别。

生活中任何事情都是这样！而如果你遵循了一个看起来很正确、实际上只是理论的观念，你常常会把自己逼进死胡同，而且死得很惨——不知道自己是怎么死的。

“槛”在你心中

现在，我们就用这个实验来说明跳槽中人们常常犯的错误。

很多经理人在一家公司挑水几年（通常是3年内）之后，觉得好像该学的东西已经学了，该升的职已经升了，该涨的薪水已经涨了——估计自己到“槛”了，于是想到跳槽。

但是，很多人在跳槽的时候，只是从东家挑水跑去西家挑水，并没有考虑到以前的积累是否要延续保存下来。因为你发现，“累”是他们换工作的心态，“换一个环境”常常成为他们放弃原来的井或者原来水桶的借口。

有时候他们本来已经熟悉了某一行，觉得“换那一行做做，也许能更好地发挥自己”。每当公司有员工离职的时候，我和他们谈到这个问题，其中除了一些高层，大部分中基层人员在走的时候，都还没打算去哪里。也就是说，并不是已经有新的工作计划、目标公司和目标职位，但他们总是对自己充满了自信——总是觉得自己走出去，一定会比现在更有发展。“因为我可能会去一个全新的领域，全新的空间，也许，就会有更大的发展。”是的，人应该有这样一份信心和对未来的希冀。但是，这样并不理智。因为这只是可能。其实当你想离开一个公司的时候，要好好想想有什么更加具体的理由让你离开，你未来的方向和定位是什么，谋定而后动。

也许你会说，嗨，现在年轻，就算碰碰钉子，怕什么，大不了不好再跳一次。

然而，很多人就是在跳来跳去中，浪费了以前所有的积累。也许过去3年，你已经积累了为自己挖井的一些基础，也许你在自己的公司并不是真的到“槛”了，就算是，换一家就可以没“槛”吗？你是从头再做起而已！其实“槛”产生于你自己的心中，你不敢跨过去，你选择逃避！

在我所任职的公司，我和由于这种原因离职的多数员工仍然保持友好的联系，而根据统计，他们只有10%比现在多拿一点工资，其他的90%比原来过得糟糕。另外，就算那10%，也有一半在一年中跳了2次，而那90%中，有至少80%的人更是因为一直找不到定位，跳来跳去。

其实，这就是把自己当成硬币，在社会上，在市场上抛来抛去，明明每次正反的机会都是50%，自己硬是相信下一次一定是“反”面！

跳槽：心会跟谁一起走

目前有不少企业忽视了员工自身的职业心理状况，就好像人生了病，光给他吃各种大补的药剂，却不帮他根除病源一样，不但疗效不好，有时还有可能加重病情。

咨询专家：

北京品正科技发展有限公司副总经理　裴炳南

天元网络人力资源总监　雷荣年

《互联网周刊》人力资源总监　史光亮

白玲工作室首席咨询师　白玲

每当空气中弥漫着过年的味道，一年一度的跳槽旺季又要来临。三位离职员工经历各异，却在诉说着同一主题：

其实你不懂我的心

出场人物一：

仿佛如同一场梦，你我如此短暂的相逢……

梦醒时分

叶子从经理办公室出来时，天已经黑了，同事们都下班走了。她呆坐在电脑前，盯着屏幕发愣。

思绪又回到了一个小时前，经理把她叫到了办公室。“你这几个月是怎么搞的，连季度业务都没有完成。”经理拿出了一份考核表格，“年终考核你是D等，没办法，咱们一向是末位淘汰，”经理顿了顿，“你不适合我们公司，希望你自己辞职。”叶子一言不发，她对这个决定似乎早有预感。沉默，依然选择沉默，她不想申辩什么，那不符合她的个性。

跳槽到这家电子商务公司已经快一年了，叶子每天早出晚归，非常敬业，感觉是她所有工作中最投入的，她负责的业务也一直业绩良好，好几个大客户都是她一手搞定的，叶子的谈判能力和专业水平也得到了进一步提高。叶子的上司是一位已届不惑的女经理，家里有一定背景，在公司虽然职位不高，但老总都让她三分。叶子的能干引起了经理的妒忌，她有些担心自己的位置。平日里，经理和叶子的沟通只有单向的工作任务布置及工作汇报，叶子的工作业绩也让经理“瓜分”了不少。虽然付出与所得非常不对等，但她并没有太在意，她更看重的是在这家知名电子商务公司的工作经历。

意外的“主动”辞职着实让叶子心灰意冷，她觉得非常伤感，也有些伤元气。辞职后的叶子一直待在家里，不愿重新找工作。

出场人物二：

在钢筋水泥的丛林里，在呼来唤去的生涯里，计算着梦想和现实的差距

出离愤怒

“有什么了不起，我还不干了呢。”啪的一声，胡昕把手里的文件摔在桌上，看着桌子上的东西一震，李经理的心也沉了下来。

胡昕是销售部里最桀骜不逊的一个，也最让李经理操心。但胡昕的业绩一直非常好，尽管他经常迟到早退，还有诸如上班时听MP3、玩游戏等种种劣迹，李经理看在销售数字的情面上，也是睁一只眼，闭一只眼。但胡昕却变本加厉起来，不仅与同事合作极不配合，还时不时地顶撞上司。

“不干了？居然还挑衅我。”看着胡昕扬长而去，李经理下定决心，驯服这匹害群之马。胡昕的劳动合同还有三个月到期，可李经理已经等不到那个时候了。这次争执过后，胡昕似乎收敛了一些，但骨子里还那么傲，总是旁若无人，李经理的话也听不进去了。

很快，李经理给胡昕下发了解除劳动合同通知书，理由是胡昕经常违反公司规章制度。胡昕走的时候，居然十分平静，经过李经理办公室时，只一句话“我没那么好欺负”。

第二天，老总找到李经理，说接到胡昕的投诉了。

一周后，人力资源部接到劳动争议仲裁通知书，这是公司第一次打劳动官司，作为一家知名网络公司，媒体也乐得追踪，

很多员工都知道了。

被员工告上法庭总不是件好事，李经理感觉压力很大……

出场人物三：

我终于失去了你，当我的人生第一次感到光荣

胜利“出走”

法庭、交锋、原告、被告，U公司和W公司的这场官司从民事到刑事，打得沸反盈天。焦点集中在杨林跳槽所带走的商业秘密上。

从公司创立之初的小程序员到举足轻重的研发经理，杨林可谓是W公司的元老级人物了。随着W公司在业内知名度越来越高，吸引了很多有志之士加盟，公司一直在快速膨胀当中，层级越来越多，效率却暗中有降。公司一向以严格管理著称，员工一律实行末位淘汰，大家压力都非常大，公司氛围比较压抑，人员流动也很频繁。

作为一名老员工，杨林早已习惯了压力，但压力却难以转化为动力，研发经理已是做到头了，面对熟悉的工作，没有了往日的激情，成天加班也让妻子颇有怨言。一天下午，杨林接到了一个神秘电话，对方是一家猎头公司，正在替一家民营企业U公司物色研发总监。“兴许是个机会。”杨林回家与妻子商量此事，妻子也同意他换个工作环境。

几轮面试下来，U公司对杨林十分满意，很快就发了offer，让他一个月后来报到。杨林决定与W公司摊牌，没想到，他的辞职申请惊动了老总，老总特意请他吃饭，百般挽留。无奈杨林去意已决。

杨林加盟U公司后，很快就上马了新项目，抢占市场先机。杨林也被破格提升为研发副总，还得到了相当数量的期权。然而好景不长，老东家以侵犯商业秘密为由起诉了U公司及杨林，U公司与W公司开始了这场旷日持久的官司。

虽然官司在身，杨林却不后悔当初的决定，他觉得自己的“出走”也是一种胜利。

无论是梦醒的叶子，还是出离愤怒的胡昕，或是胜利“出走”的杨林，我们都能从他们身上看到离职员工无奈的影子。当空气中弥漫着过年的味道，一年一度的跳槽旺季则又如约而至，这是HR、直线经理和老板们都头痛的事。员工的“出走”也意味着企业的良苦用心付之东流……

用心良苦

案例中的叶子属于悲伤而去者，为情感而痛苦；胡昕属于愤怒拂袖者，为利益而痛苦；杨林属于胜利逃亡者，为反差而痛苦……他们都通过行动把痛苦传播给社会，并转嫁回原公司和老板，在网络社会，这种痛苦将呈几何级数倍增！他们缘何要选择痛苦的“出走”？

裴炳南：案例中明显存在沟通不足的问题。案例一及案例二中，上下级之间缺乏有效沟通，跨级之间沟通渠道不畅。如案例一中“经理和叶子的沟通只有单向的工作任务布置及工作汇报，叶子的工作业绩也让经理‘瓜分’了不少”，案例二中“看着胡昕扬长而去，李经理下定决心，驯服这匹害群之马”。沟通成了单向、片面的发泄私愤。另外，跨级沟通渠道不畅也是造成叶子被动辞职，胡昕出离愤怒的重要原因。试想，如果公司有明确的申诉渠道和跨级沟通的惯例，叶子不至于让女经理瓜分业绩，无奈辞职，胡昕作为另类“明星”员工也会有更妥善的处理方式。

案例三中的杨林可谓是公司元老级人物，然而公司“一向以严格管理著称，员工一律实行末位淘汰，大家压力都非常大，公司氛围比较压抑”，杨林出走的深层原因是公司缺乏和谐的工作环境，发展空间也十分有限，压抑的企业文化也打消了员工的工作热情。

史光亮：三个案例都涉及到了一个“离职”话题，虽然情形不同，但我认为事情的本源至少有两个：一是管理问题，二是机制问题。

从第一个案例看，叶子的被迫离职是因为“年终考核是D而被末位淘汰”，而叶子本人平常对个人业绩却“感觉很好”。我觉得公司的考核系统或体系首先有问题，问题出在目标的考核标准设置是否合理，或是考核尺度是否公正、透明。“末位是怎样的末位”，当事人应充分知晓。在平常的工作中，双向沟通的薄弱导致“信息不对等”，也是管理问题，而经理应负主要责任。文中提到“经理妒忌叶子并怕丢了位置”，我认为是个人品质或素质问题，不值得讨论。

第二个案例显得很有意思，是每个销售经理都可能遇到的“烫手山芋”，也是常说的“对鹰的管理”。我们经常被事物的表象所困惑，为什么不探究个中原因？李经理依然是缺乏沟通意识和水平，不仅是和胡昕的沟通有障碍，和人事经理也缺乏起码的横向信息交换。管理沟通的不畅最终导致公司的被动和外部形象的破坏。而没能严格执行公司的有关制度，或根本上尺度不一或前期的放任，是李经理管理失败的根本成因。

最后的例子让我再次反思“末位淘汰”这种机制，尽管在我十多年的HR经历中从未使用或主动倡议过。末位淘汰带来了什么？案例已经有了一些说明，比如给员工带来了压力，缺失了激情等。会不会有比这更破坏组织文化的地方？比如为了保住自己的饭碗，员工各个独立设防，各建堡垒，少见了合作，不见了倾囊相助、相互分享……谈何团队，谈何凝聚力……

沟通、管理、机制……HR们都找出了案例中的症状关键词，也进一步提出了自己的解决之道。

裴炳南：针对案例中的沟通不足问题，HR不妨把沟通制度化，把跨级沟通、横向沟通以制度的形式落实下去，全方位了解员工信息，尽早发现问题。如年终是员工跳槽高峰，总经理不妨年前与基层员工以随和、开放的形式沟通一次，了解员工的工作状况及心态。如果公司规模较大，老总不可能亲历亲为，则上层可以跨级进行沟通。当这种沟通形式成为一种制度，并潜移默化成一种文化习惯，很多问题或许早就妥善解决了。作为一家高科技企业，异地员工比较多，我们更多是采用MSN沟通，氛围既轻松又能生动传达表情。

针对年终员工跳槽现象较多的情况，HR也可以把年终绩效考核提前，与跳槽高峰错开，未雨绸缪才能防患于未然。当然，HR更重要的任务是促进公司管理，需要培训管理人员洞察员工心理，给处在管理困境中的一线经理们一些专业建议，也可以通过员工满意度调查等管理工具加强与员工沟通。

史光亮：为了留住关键员工，不见得有统一的或是唯一的方法，“按需定制”才是根本。我的体会是，作为HR经理，“要把每个员工当作个体去尊重和相待”！这个原则掌控好了，事情就好办了。另外，“通过走动来管理”是有道理的（MANAGING BY WALKING AROUND），“察言观色”可以发现同事的微妙变化，经常“闲聊”能探知他人的“心声”……

雷荣年：与团队精神不一致的人，能量越大对组织的破坏性越大。案例二中企业以公司总体效率为准，清除害群之马也在情理当中。如果李经理有理有据，公司也有相关规章，即使打官司，被员工告上法庭，媒体也乐得追踪报道，结果岂不是为企业做免费广告了！

案例三中的企业需要在与掌握技术秘密和商业秘密的员工签定保密协议的前提下，同时采取配套管理措施：制定公司的保密制度；严抓商业秘密文件管理；采取技术措施对牵涉到公司大计的核心产品和项目进行相关隔离，分别确定秘密责任人；培养忠诚核心技术骨干队伍。

"药补"不如"心补"

从加强沟通到严防商业秘密流失，HR们"严阵以待"。"做HR经理很累也很'操心'，就当是'天降大任于斯人'吧！"不少HR管理者都会有如此感慨。当离职员工抱怨企业"其实你不懂我的心"，管理者们也在管理上与时俱进，用心良苦地追赶着"以人为本"、"无边界"、"员工满意度"等种种流行工具与词汇。加强管理会是留住员工的万灵药吗？当然不是，企业多着眼于在管理制度上下工夫，而忽视了对员工自身心理状态的调整，所以其措施往往隔靴搔痒，见效不大。

白玲：这三个案例中明显存在的共性是：员工和组织之间缺乏积极的良性互动和沟通，员工个人的发展方向与组织目标不能契合。

案例中的三位员工的工作业绩都很不错，要么是业务骨干，要么是开朝元老，对企业的发展的价值不言而喻。可是不欢而散的结局却是双方都不愿意看到的。

究其原因，我发现组织行为和个人行为上都存在严重的“职业心态失调症状”：企业过多地关注绩效，对员工个人的感受和体验关注不够；员工试图在一种错误的或不合逻辑的情况下（也许自身并未意识到）谋求自身的发展，而没有看到面前的事实。

这也是企业的HR要关注的两个问题：如何促进一线经理学会关心和促进员工发展；如何帮助员工理性地进行职业生涯规划。

目前有不少企业在管理制度上下了不少工夫，建立了比较完善的激励机制，但他们忽视了员工自身的职业心理状况。就好像人生了病，光给他吃各种大补的药剂，却不帮他根除病源一样，不但疗效不好，有时还有可能加重病情。比如，有的员工压力感已经很重，可管理层还用升职、授权的法子激励他，这样不仅起不到对症下药的功效，只能是雪上加霜。

正因为以往企业多着眼于在管理制度上下工夫，而忽视了对员工自身心理状态的调整，所以其措施往往隔靴搔痒，见效不大。也因此有那么多核心员工不顾公司的优厚待遇和发展前景而执意离开了。

其实，所有忠诚、积极、高效的员工身上都有一个重要的共同点——积极健康的职业心理。他们对未来的职业目标有清晰的定位，对自己的优缺点有比较清醒的认识，在出现问题时能有意识地调整自己的心理状态，把自己的目标和企业的目标统一起来，积极愉快地投入工作。这种自我激励、自我调整的良好心态是员工充满活力的内因，这种良好的心态就像人有强健的体魄，光用“补药”是“补”不出来的。

“药补”不如“心补”，拿案例一中的叶子来说，为什么自我感觉“非常敬业，是她所有工作中最投入的，负责的业务也一直业绩良好，好几个大客户都是她一手搞定的”的叶子在领导看来却又“连季度业务都没有完成”？天元网络的HR换位到员工角度来看就一针见血。

雷荣年：有位营销大师提出观点：人与人的关系只有“战争”和“营销”。案例一的情况是——“战争”结束了，女经理“胜利”了；但试想一下，如果叶子事先选择“营销”，结果又会如何？把女经理搞定，与她交朋友，为部门业务、为经理工作多出谋划策，帮助她成功，结果可能是另一番局面——一般情况下，只有上司有了机会，你才会有机会。从案例的表面看，直接原因是叶子的能干对女经理造成威胁和担心，但实质原因在于叶子没有从战略高度来认识和处理团队关系。既然“看重的是在这家知名电子商务公司的工作经历”，首先应该解决的是“生存问题“，融入团队，被团队接受才有发展的机会。每个人在职业道路上都会遇到各种问题，有时不妨“势利”一点，“油滑”一点。女经理很有可能凭借她的背景、再加上叶子对部门的突出贡献得到提升，之后，没准儿主动提拔叶子呢，最坏做到完成季度业务也无明显的不尊敬领导表现，让女经理想逼我主动辞职也无把柄如何？——叶子自然可以“偷着乐”了。更何况，叶子能干，有实际业绩，管女经理的上级一般是能看到的。常言道做一件好事别人可能看不到，但一辈子做好事别人一定看得到！

叶子是山谷里静静的百合，野百合也会有春天。用心良苦的HR怎样才能使员工拥有良好的职业心理，走上自我激励、自我调整的良性循环道路呢？

白玲：首先，通过一线经理帮助员工认识自己，很多员工能感觉到自己的状态出了问题，但毛病出在哪里，根源是什么，他们并不清楚，他们往往归咎于企业或上司、同事，用跳槽、花钱充电等方法来解决问题，可结果收效甚微。作为HR ，需要了解不同年龄阶段、不同职位人的心理特点和需求，及时督促一线经理进行职业辅导。我们看到三个案例中的经理都没有采用或者忽视了正确的职业辅导。

其次，教会员工在职场生存的基本原则和本领。多年来，管理学界关注的重点一直是怎么从制度上激励员工，提高他们的效率和积极性，很少有人站在员工的角度，教他们如何在职场生存发展，如何调整心态，从内而外地焕发职业活力。员工们只能自己在职场上摸爬滚打，积累经验，或看几本成功学书籍。而书籍良莠不齐、缺乏针对性，对实际运用意义不大。为此他们可能要经历很多挫折，多走许多弯路，而用血的教训换来的个人经验很有可能变个环境就不再适用了，假如还继续沿用老一套又会产生新的问题。如果能有专业人士指出他们身上的问题，告诉他们一些职场发展的道理，教他们调整自己的状态，他们就能豁然开朗。

员工的心终究会跟谁一起走？年终员工离职已是老生常谈，我们为什么不换个角度，在山雨欲来前未雨绸缪呢？及时掌握这些关键员工的心理状态，我们才能真正留人、留心。

多年来，管理学界关注的重点一直是怎么从制度上激励员工，提高他们的效率和积极性，很少有人站在员工的角度，教他们如何在职场生存发展，如何调整心态，从内而外地焕发职业活力。

跳槽：求利尚需巧用名

职场中人要先搞清楚名与利的关系，“名声”往往对职业发展、对“利益”起着至关重要的作用。

都说“英雄不问出处”，事实上，这句话用在现代职场并不恰当，在职场谋生存要论出处，有没有资源、名气、后台，这些因素都决定了你的腰包。追“名”逐“利”是每个职场中人的根本目标。方法得当，可能名利双收，方法不当，很可能功不成名不就，名利两空。

投机取巧——立名

可锐案例：范文性格内向，不爱张扬，工作能力极强，但从来没有因此而骄傲过，做事默默无闻，和同事的关系处得很好。但是，最让他郁闷的是，和他一起进公司的两名同事专业能力没他强，却都得到了晋升加薪。唯有他，像个老黄牛，苦干踏实，职业发展却一点也不顺利。他希望跳进行业内一家一流企业，但是苦于没有过硬的筹码，而且，他在原公司也没有什么“知名度”，这更增加了他跳槽的难度。怎样才能迅速跳离旧环境，提高他的晋升速度呢？

可锐建议：据可锐调查，虽然自己业务能力、专业能力很强，但因不能适时地表现自己，只能做职场的“无名”之辈，其跳槽加薪的失败几率在26%。

你可能专业精深，也可能擅长协调，但却因不爱“抛头露面”吃了亏。现在不是“默默无闻”、“无私奉献”的时代，职场上人人讲究“锱珠必较”，功、过、是、非分明，“默默无闻”不是美德，你费了力气讨不到好处，被别人抢了“风头”，到最后，吃亏的总是你。别人也是凭本事晋升高职，拿着高薪，提早进入职业发展的旺盛时期。

要在行业、企业、部门间建立自己的“名气”、“名声”，抓住机会表现自己的专业能力，表现自己的强项，这样你才可能争取到更多的机会。遇到此类事情、难题，同事首先就会想到你，成为部门里的“关键职员”，你的机会增加，升值潜力也大增。

巧借名目——扬名

可锐案例：赵强在一家私企干了五年，随着企业的发展壮大，他的能力得到了提高。但是因为企业正处于发展阶段，薪水的增长幅度特别小。他想跳到一家大型企业，拿到更高的薪水，并进入中层。但跳入大企业也不是那么容易的，企业看重人的创新能力，光拿自己的经验去拼，胜算的几率并不大。他曾经去一家企业面试，资历和学历他都不比别人差，但是，人家凭借组织过几个比较有影响力的活动，立刻得到了企业的offer。

可锐建议：据可锐职业顾问调查，通过一些大型的、有影响力的活动而建立自己在行业里的“知名度”，其跳槽速度和成功率都明显提高，其成功率占到总调查人数的31%。

有一些人，利用原企业平台的便利，在行业内组织一些有影响力的活动，或促成企业间的合作，与咨询公司合作搞专业活动，通过与权威机构的联合发布行业信息和数据，不但可以促进企业的业务活动，增加企业知名度，还可以为一些“精明的”职场人士“扬名立万”。职场人士需明白，名与利是可以转化的。跳槽是为了求利、求发展，寻求快速发展的职业人，都希望闪电跳，而能否跳高跳准，还要看你的“扬名”程度。名可以转化为利，可以垫高你的起点，在职业发展中占了优势，就能占尽先机。

假手于人——保名

可锐案例：方建舟，在原来的单位做够3年之后，毅然跳入一家正向海外拓展业务的公司。他有丰富的项目管理经验，而且对项目电力系统的管理工作很在行。凭借这些，他的跳槽过程进行得非常顺利，薪水比原来提高了一大截。可是，跳是跳到一个不错的企业，可过了几个月，仍然打不开局面。在新环境中，上司并不看重他，他提出的意见也被同事怀疑。这让他十分郁闷，虽然自己已经过了试用期，但是，不能在团队中树立形象，没有业绩，发展仍然无从谈起。

可锐建议：据可锐职业顾问调查，36%的职业人因脱离原来企业，不能尽快融入新环境，无法建立新的人际资源，而在新环境中失去更好的机会。

跳槽过程中，你要被考察的东西包括道德素质、专业能力、管理能力等，你凭借这些跳上高职获取高薪，但是跳槽也是存在很大风险的。在原来的企业，你有地位有名气，但你一旦脱离了它，“光环”就少了。当你跳进新环境的时候，还会遭到排斥，这是很普遍的情况。不要妄想你是凭本事进来，就会受到“夹道欢迎”，如果你不能“转危为安”，影响发挥，就会被人抓住把柄，从而影响你的职业稳定和发展。

所以，要维护、建立你的“名望”，一个便利的方法就是假手于人，包装自己的经历，借别人之口，让新同事新上司知道你的本事。拉拢身边的人，传播自己的声誉，当然还要加上实打实的行动，这样就能化解不适应，快速融入新环境，开创职业发展新局面。

职场中人要先搞清楚名与利的关系，“名声”往往对职业发展对“利益”起着至关重要的作用。能够巧妙地运用一些技巧，可以做到名利双收，但拿捏不住要领，过犹不及，就可能名利两空。结合行业、企业、部门、岗位特点，做好职业发展规划，确保万无一失，才能将你成就为职场赢家。

善用“犯规型跳槽”轻松变薪

在跳槽中不妨逆向思考，在看似违反常理的跳槽方式中找到最能体现自己职业价值的职位。

每个人都希望薪酬身价不断上升，可是在激烈的人才竞争中，如何才能达到这一目的呢？所谓犯规型跳槽就是，逆向思考，在看似违反常理的跳槽方式中找到最能体现自己职业价值的职位。经营好自己的跳槽之路，步步晋升。下面是结合可锐12000多名客户因接受“犯规型”跳槽而获得职业成功总结出来的四个基本方向：

逃离专业束缚先死而后生

可锐案例：江先生原来就职于软件研发企业，从基本的程序员做起，一直做到技术主管，负责新项目设计与运作。但是，江先生的直属上司，即研发部经理，是一位资深的行业专业人士和管理者，具有丰富的项目运作经验和市场开发能力。江虽自认为专业学识深厚，但短时间内却难以晋升，薪水也没什么变化。他很快找好下家，准备节后投奔自己的新东家，出任这家技术服务公司的服务部经理。后来，江先生在新公司游刃有余，很快就拿到了高薪。

可锐建议：专业人士的职业发展往往是向上跨越的，向专家型方向发展，这几乎形成了一个共识。然而专才的晋升是需要时间和专业技能的积累，如果一旦晋升的渠道受阻，个人的发展就会停滞不前。所以另辟发展道路，使职业之路畅通就显得至关重要。但需要注意的是切忌轻易更换职种，因为该类发展很容易导致原工作经验的流失而杀鸡取卵。如何在跳的过程中成功修正和善用以往的工作竞争力，保持职业身价的可持续增长是关键。

顺流而上让晋升加速

可锐案例：苏舟从事家具销售工作，业绩突出。但由于公司业务范围狭窄，是单一的销售公司。所以虽然工作了4年，却还是一个普通的销售主管。而他希望自己能够成为中层，在目前的公司继续下去，恐怕永无出头之日。如果跳槽，他不知道往哪个行业跳，最关键的是他不想失去自己多年积累的行业经验。所以他跳到了一家家具生产企业做渠道经理。凭着家具销售工作多年经验，对销售商的了解，他很快拓宽了厂子的销售渠道。

多年的市场经历，使他能将多年积累的市场需求趋势反馈到生产过程中，极大地丰富了产品类型。短时间内，使家具产品市场占有率上升率提高了4个百分点。自然，他也拿到了不菲的酬劳。

可锐建议：个人的职业道路，总是偏重于向行业的上游发展，不失为一个高效晋升的手段。但需要注意的风险在于如果你的竞争力在目前阶段还仍然不适合向上游转，或者上游企业仍然存在很多隐性发展危机，那么个人将投错怀，送错抱，陷入发展无望、回头无门的两难境地。

退而求其次突破瓶颈

可锐案例：John毕业后被一家外资企业录用，从基础的报税员做到现在的财务总监，并负责公司在国内的项目投资，多年来为老板立下汗马功劳，仅仅因为上司是外国人，他在此公司的职业晋升空间早早到顶。

一月份，在朋友的引荐下，他跳到了国内一家服装公司。这家公司正在拓展海外业务，急需John这样的资深人士。虽然工作环境大不如前，但John成功介入高层。

可锐建议：目前国内企业全球化步伐加速，本土企业积极开拓海外市场。在企业拓展扩张阶段，大量的职位和晋升机会涌现。而由于文化和公司制度限制，外企白领的上升空间到一定程度后，玻璃天花板无法突破。如果能够明智地跳到业务蓬勃的本土企业，或者向给予自己职业发展以重要支持的低一级岗位跳槽，明降暗升的道理不言而喻，未尝没有更大的空间和更多的机会。退一步海阔天空。但值得关注的是如果只是盲目乐观地接受了一份工资略高的岗位，可能就把自己的过去，现在乃至未来都一并卖了，到时候回天无术是正常的事情。

委曲求全令身价倍增

可锐案例：嘉慧毕业后进入一家合资企业做经理秘书，因为做事严谨负责，而得到经理的赏识。她待人宽容，建立了良好的人际和客户关系。然而嘉慧觉得，虽然现在工作出色，但她内心不希望长久地从事助理性的工作，而是向更高层次发展。

所以她密切地关注起公司内部的人事变动，希望找到更适合自己发展的职位。

3个月前，公司的人力资源部经理辞职，她抓住这个机会，适时地向经理提出转职请求。鉴于对她以往工作的认可和对她本人的信任，经理同意她试用3个月。嘉慧利用以前工作中的经验、良好的人际关系和对公司的熟悉，她迅速打开了局面，并用实际行动证明了自己的能力。最后，她在老板的赞许中办了转职手续。

可锐建议：在定势思维下，人们也许会觉得跳槽就是从一个企业跳到另一个企业。每一个公司都有正常的人事变动，如果在原职位上已经无法突破，不妨关注本企业的职位空缺，耐心等待机会。

从公司的一个部门跳到另一个部门，这样，既可以缩短了对公司制度、文化、部门职能的融入和适应时间，又可以利用对公司多方面的了解，很好的配合工作、协调部门矛盾。使积累的经验和人脉得到最大的发挥，从而加速晋升，抬高自己的身价。

跳槽是职业生涯发展的一种重要手段，不会跳槽，不会在竞争中擅用手段的人就等同于不会生存，由此看来跳槽是需要经营的。只有紧密分析市场需求和客观剖析个人所长所短，并及时找到补救措施，才能够在茫然的困惑和激烈的竞争中脱颖而出，笑傲职场。

> **不会跳槽，不会在竞争中擅用手段的人就等同于不会生存，由此看来跳槽是需要经营的。**

从细节到系统：持续发展是最终目标

每次从笔试到面试，他的感觉都不错，可为何最后却总拿不到offer?

到手的馅饼被抢，煮熟的鸭子飞了，是最让人郁闷的事情。过五关斩六将，眼看胜利在望，没想到最后仍是空欢喜一场。面对屡战屡败的凄惨场景，坚持屡败屡战并不是明智之举，找出病根，找出offer一再失手的原因，找出障碍的根源才是解决问题的关键。

可锐职业顾问案例

Ben，信息技术与工程专业毕业。毕业后在一家门户网站做技术员，3年后升任技术工程师，负责技术和项目的售后服务工作。Ben虽然做技术工作，但他非常注重培养自己的管理能力，希望随着公司的发展壮大，自己能够进一步提升。

但是，由于公司经营上出现重大失误，财务堪忧，公司战略及人员都作了较大调整。Ben被调到一个新岗位，看起来公司还很重视他，但没有任何实权。公司的衰败让他看不到任何前景，Ben选择了辞职，并赴海外留学攻读MBA。

两年MBA留学归来，Ben认为自己筹码增加了，好工作自然唾手可得。然而，始料不及的是两个月过去了，他仍然没有找到合适的买家。每次从笔试到面试，他的感觉都不错，最后却总是拿不到offer。他怀疑自己要价过高，于是自降身价，可贱卖的结果是大公司更不买账，没有实力鱼龙混杂的小公司却频频骚扰，让他不胜其烦，Ben实实在在地尝到了“海待”的滋味。

可锐职业顾问分析

我们来分析一下Ben的情况，他具有专业资质和多年的工作经验，并想转到管理层面。留学归来后，Ben希望凭借专业资质获得企业认可，但是没有找准目标企业，没有抓住机会，offer一再失手。其实，这样的情况并不罕见，高知变高职存在较高的可操作性，但高机会也意味着高风险，如果不能展现出企业最需要的东西，学识丰富和经验储备反而会变成获取offer的累赘。

应聘前：巧借时间差，抓住时间点

在寻找合适的企业过程中，了解企业发展周期和自身职业周期非常必要，缩短时间差，借用时间差跳上高职位。比如说，当你的职业发展超前于企业的发展时段，就可以选择此类企业的高级管理职位，一跃上高位。

而把握跳槽时机也很重要。体制健全、管理规范的公司，会保持一定的人员流动频率，每年都有一个特定时段为招聘高潮期。招聘高潮期需求旺盛，如果抓住招聘时间点，就有机会加入大公司，还要考虑到的是低端岗位和中高层岗位招聘时间点不同。千万不要抓错时间点，错过“天时”，“机”不再来。

据可锐职业顾问调查显示，因为没有找对时间点、没有找对企业，而导致跳槽失败的人数占到将近6成。

面试中："作秀"把握合适度

这是一个作秀的时代。别说明星们抓住各种机会和场合作秀，CEO、老板们也都爱上了表演，所以说"作秀"不过是展现自己、为自己挣得更多利益的手段。

职业人有必要将其为我所用，在面试过程中适度作秀，为自己争取更多的机会。但凡事有个度，夸张的展现、炫耀性的作秀却只能断送自己的前程，作秀要建立在"真实"的基础上。将自己的业绩量化，你曾经参加过的项目描述、经验展现，将这些具体的东西表现出来，才能体现出你的价值。据可锐职业顾问调查显示，因为不能或不知道如何展现自己优势而导致跳槽失败的人占到3成以上。

从细节到系统，持续发展是最终目标

职业发展过程中，还有三个关键问题需要衡量，即不可逆转性、不可中断性、可持续性。不可逆转性是职业发展的属性，不可中断性是可持续发展的保障，可持续发展是职业人的需求。每一个环节出错，都会导致系统不完整和不连续。

可持续性指职业发展过程中岗位经验、专业技能的掌握能否为职业人未来持续发展打下良好的基础，能否为未来发展作技术和专业知识的储备。不可逆转性是指职业发展不可逆转，走错的路不能重新来过。不可中断性是说，个人职业发展一旦中断，没有职业环境的依托，职业人对整个行业的信息、发展状况的感觉度也相应中断或变得迟钝。

Ben就是这样的情况，他在升职受挫后，没有反思自己的问题出在哪里，而是中断职业发展的路线，走上另一条路。去读MBA，可能会提升他的职业价值，但是也有机会成本的损失。两年后重新回到国内，他已经面临一个陌生的市场，而且能否学有所用还是个问题，企业不认可，是他职业发展道路上的头一个拦路虎。

另外，他在投递简历的过程中没有达到企业岗位的要求，虽然都是管理岗位的工作，但是实际管理工作经验不够，仍然得不到企业的信任，对于岗位要求的细节职能不清晰，也是他的offer屡屡失手的原因。

对于一个高级人才来说，成功需要多方面的因素，但如果自己找不到合适的东家，施展能力的前提都无法保证，更不用说达到成功了。作为职业人，不仅要在正常情况下掌握职场规律，有效经营自己的身价，更要精确地结合企业需求，锻炼自己应对职场变化的能力。同时在充分的信息搜集和整合自身能力的基础上，找到关键性因素，及时预测职场变化趋势，减缓和屏蔽企业需求变动带来的负面影响，然后通过时机选择和把握达到保值增值的效果。这是一个货币资本与人力资本合作与双赢的时代，职业人应充分把握好这一难得机遇，走好自己的“黄金大道”。

> 据可锐职业顾问调查显示，因为没有找对时间点、没有找对企业，而导致跳槽失败的人数占到将近6成。
>
> 这是一个货币资本与人力资本合作与双赢的时代，职业人应充分把握好这一难得机遇，走好自己的“黄金大道”。

三种绳套套牢经理人

他们的问题就恰恰出在所谓的“经验”上，经验很多却缺乏含金量，当然不具备竞争力，像三个绳套将自己套牢。

在喧嚣的职场里，有一类人却黯然神伤。他们拥有复杂的就业经历，积累了超越一般职业人的从业技能种类，可是他们却得不到企业的青睐，失意徘徊在职场中心之外。他们抱怨自己的“怀才不遇”，咒骂这不合理的用人机制。其实，他们的问题就恰恰出在所谓的“经验”上，经验很多却缺乏含金量，当然不具备竞争力。经过调查研究发现，造成他们的工作经验丰而不富的原因主要有三种，像三个绳套将职场人士套牢。

绳套一：我是全才我怕谁

刘小姐在过去10年时间里先从事财务工作，抓住了一次机会进入市场领域发展，之后在销售、客户服务方面有过短暂停留，最近是在某公司项目部门稳定了一年多时间。但是现在的工作十分不如意，项目管理工作做得不是很出效果，部门的新人又给她很大的威胁和压力。考虑了很久她终于再次进入职场竞争，满以为凭自己丰富的工作经历打造的“全才”形象肯定会成为职场宠儿。但是事实正好相反，她面试的所有单位都对她的经历摇头。刘小姐惊呼：怎么会这样？！

Lily在大学学的是公共关系专业，毕业后在一家公司做市场部经理助理，协助市场策划等工作，3年后进入另外一家规模不大的民营企业担任公关部经理。工作期间她坚持继续学习市场策划和品牌管理专业知识，现在在某知名外资企业担任品牌经理，工作得十分开心。

可锐专家认为，刘小姐的从业经历跨度太大，工作经验内涵过于复杂，专业技能和知识发展出现许多断层，造成了任何一种专业能力都不能达到企业和工作要求，即使就业成功也很难在该领域获得成功。当今职场“全才”就是废才。而lily就能在自己擅长的领域持续发展，尽管她的工作经历也不“单纯”，但是这些工作涉及市场工作方方面面，最终锤炼了核心竞争力。这就是职业定位完成得好不好的区别。可锐专家提醒：以职业定位和职业规划为基点，在选择工作时要时刻保持专业技能成长的连贯性。

绳套二：我没有玻璃天花板

王先生对目前的软件测试部主管工作已经厌烦到了极点，看到一家软件公司招聘业务经理工作，觉得自己的个性比较外向还擅长和人打交道，怎么样都比成天面对那些测试说明书强，等于“晋升”了一级而且薪资还不错。王先生被录用了，他认为个人发展并不一定有什么玻璃天花板，主要靠机遇把握能力。可是业务经理的工作不像他原来想象的那么“有趣”和简单，完全不是他的专业擅长，现在他沮丧地辞掉了工作。

吴先生一直做人事经理工作，知道自己的职业发展快要出现瓶颈了。于是，他参加了MBA课程培训，成绩很好并最后拿下MBA学位。毕业后，他辞掉了人事经理的工作，进入一家管理咨询公司，积累了策略与管理的实践技能。前不久，他抓住机会成了某知名港资企业的行政总裁。

可锐专家比较他们的经历得出，任何职业人士的职业生涯发展过程都会出现瓶颈现象，头上的玻璃天花板阻挡自己的持续发展。为了保持个人发展的连续性，一定要科学合理进行定位和规划，做好方向目标性强的知识和技能的补充和加强，一鼓作气突破玻璃天花板。可锐专家希望职场人士注意：面对自己的职业发展瓶颈，不仅需要突破的勇气，还要把进修培训“充电”和自己的核心专业相匹配，在策略上要保持专业根基的加强。

绳套三：创业才是出路

小何在保险公司做了两年小主管，手下管理着七八个保单销售人员，团队总体业绩还不错，自己收入也颇丰，常得到领导表扬。他眼睛没盯着晋升的事情，而是在思考自己做老板。自己有一点小积蓄，要实现“财务自由”还得靠投资。他于是找了一些朋友“融资”开了一家饮食店。前5年生意很红火，不仅注册了公司还开了一家连锁店，许多朋友都很羡慕。但是最近不知道怎么了，公司问题重重，员工流失，物流失常，营业额急剧下跌，眼看着就撑不住了。还好在公司“临死”前找到了买家，整个“创业”算是贱价盘出去了，收回的钱还债都不够。一无所有的小何重新在一家保险公司找份工作谋生，可是他却回到了原点。

可锐专家经过对小何的分析，发现了他在决策能力方面有许多弱点，另外他在财务管理、人力管理等方面的专业知识出现严重瓶颈，这些“人本”因素导致了他的创业失败。一个成功的创业者应该在执行层、实施管理层和决策层都有市场实践经验，小何仅仅在低层岗位有工作经验，他在商业理念、经济管理等方面没有足够的专业知识和技能，盲目地注册公司开办连锁分店就是例子。可锐专家提醒想投身于创业的职场人士：创业一定要脚踏实地，首先要对自己的职业气质和特性进行科学定位，然后更要清晰认识自己的实践经验处于哪个层次，这些因素将在创业路上决定个人创业成功的几率和事业发展方向。若搞不清自己实质上或现阶段是否适合创业这个问题，失败将是必然。等发现自己并不合适进行创业，甚至是失败后再想回到自己所属的职业领域，恐怕会有更多的困难，昂贵的时间成本谁都承担不起。

以上的案例说明同样的一个问题，工作经验的多寡不是职业成功的关键。工作经验不仅要“丰”，还要“富”，富就富在它是否积累在个人职业核心竞争力的发展方向上，是否能保持个人职业能力水平的可持续发展。要做到工作经验向“丰富”方向发展，进行科学准确的职业定位和职业规划才是根本。

高级白领三招“撑杆跳”

现代社会竞争激烈，职业环境的不确定性因素增多，每一次职场温度的升降都牵动着职业人的神经。每个人都似乎面对一种尴尬的局面：前面的职场老手挡着晋升之路，后面的职场新秀轮番轰炸，生怕自己一不小心就地位不保，身价贬值。但是，在人人自危的情况下，也仍有本领高强的职场大侠过五关斩六将，迅速蹿红。因此每个人都要重新给自己的职业发展来个健康检查，来一次惊人的“撑杆跳”，跳出职业火坑，跳出人生精彩。

可锐职业顾问案例

David，32岁，电子专业，企业中层经理。

David毕业后在一家大型机电企业做技术人员。3年之后，David升为技术部主管，他又通过自己的努力，获得了业内权威的各类专业技术师资格证，成绩突出的他被评为高级工程师，并被公司委以重任，负责大型项目的运作。

在David的主导操作下，公司一个涉外大型项目运营成功。公司上层对他的工作绩效和他的人品青睐有加，把他提升为整个工程部的总经理。升职的快乐就像给David打了一剂强心剂，他开始憧憬自己坐进总经理办公室的风光。然而，David显然低估了这个挑战的困难程度，一系列的工作问题就像计划好一样在前方等着他。

技术出身的David虽然积累过早期的团队管理经验，但那毕竟是初级的和技术流程紧密挂钩的管理。虽然有副手一起帮忙，但是对人的管理，对部门业绩控制和产品结构的管理等方面，他实际上还没有足够的决策能力。而最近公司的一些变动更是让他的工作变得有点焦头烂额。

天有不测风云，David上任工程部总经理后不到半年，公司上层发生了意想不到的地震。公司改造经营模式，从原来的生产型企业转变为代理型公司，工程部在公司的地位大不如前；对于工程部的发展问题，上层只给了“保留但暂时不扩充”的允诺。David也想过辞职，但是，自己现在跳槽出去能不能拿到现在的职位和薪资，他心里也没底。如果重新回到技术领域搞科研也不是不行，但他又担心自己的竞争力不如年轻人。

犹豫间，一年飞快过去了，不仅部门越来越萧条，公司的情况也似乎变得有点微妙。David一直被去留问题折腾得很苦恼，问题已经到了必须解决的时候了。

可锐职业顾问建议

David的问题是当企业的发展战略发生转移的时候，他没有针对变化做好另谋出路的准备。David虽然升到了总经理的位子，但是管理经验和管理能力并没有得到提高，我们几乎可以断言，即使公司的战略不调整，就David对自己的工作的理性认知程度，他一定会在总经理职位上遭遇职业生涯滑铁卢。

撑杆跳永远比用自己力量的普通跳高跳得更高。David的这次跳高是失败的，他必须重新思考自己的职业之路。那么怎么样找到属于自己的撑杆，怎么样利用撑杆跳到自己适合的高度，是往上跳还是往外跳更利于自己的稳定发展，将是我们每个职场中人必须解决好的实际问题。

可锐职业顾问给高级职业白领们支招，教你三招正确掌握“撑杆跳”：

STEP 1：找出自身短板，短兵利刃变身价

木桶最短的一块板决定其容量，这个道理在职业人身上同样适用。自身竞争力的短板，往往影响优势的发挥。David缺乏总经理层级的核心管理技术与经验，这是他对往外跳槽没有信心的关键因素。比如虽然他有大型项目的管理经验，但是却缺乏多项目实施进度控制、技术产品的市场竞争力数据反馈分析，以及在变化基础上的人力资源协调与资金合理调配等经验。很明显，就David现在的职业发展阶段而言，升到总经理的职位是个看似美丽的错误。

David应该尽快找到自身短板，对症下药，针对弱项加强培训，把短板补齐。把自己打磨成真正的“金子”，无论到哪个位置都有发光的能量。

STEP 2：站在企业高度，左右逢源定身价

当企业高层重组改变发展战略的时候，为了考虑运营成本，企业会逐渐将一些部门剥离。David所在部门就是因此而遭到挤压，致使他不得不重新考虑出路。问题出在他过于专注闭门造车式的工作——管理工作的混乱已经让他应接不暇，更难以从全局上把握公司战略变化对自己职业发展的影响等重要问

题。公司的种种变化要求他必须像决策工作问题一样决策职业问题。David在这些问题上反应的滞后性导致了他今天的窘境。

作为职业人，从多种渠道获得信息并进行综合判断是所有中层管理者必须具备的“情商”。很多消息并非空穴来风，工作之余和同事聊聊天，喝杯“职业化”的咖啡，绝对不是浪费时间的事情。另外，多从宏观角度判断行业及企业发展，随时调整自身定位，才能立于不败之地。

STEP 3：通揽行业全局，见风使舵保身价

行业发展处于上升阶段，会为人们提供更多的职业机会。所以职业人要关注行业发展，及时了解各方面信息，分析行业发展趋势，及时保住自己的身价，整合行业经验，向相关行业转移。需要注意的是，转职前要分析自己的行业经验的承接性，否则就会流失以往行业经验。

可锐职业顾问事业集团总裁及首席职业顾问专家卞秉彬先生认为：在当今社会，对于职业经理人而言，实打实地积累工作经验和技能达到成功，已经不适应现代职场的发展需要。中国GDP持续增长，市场和人才的竞争加剧，全球经济发展压力增加，职业经理人队伍的年轻化，都给经理人的升值造成巨大压力。昔日多年的媳妇熬成婆的理论，已经不适合准精英们的发展之路。而撑杆跳的方式，正是突破常规，用更加灵活的生存之道，使经理人实现自身价值迅速提高的方法。

王保华：翻开每一块石头

“人们总是安于习惯，害怕改变。”王保华对许多看似不可能的事情的颠覆，使他总有新的机会，总是最后的赢家。

5月，一个星期天的午后，王保华从家中阳台向外远眺，这时妻子在一边催促：“明天就要出差了，你的行李还没有整理呢！”

王保华淡淡一笑，加入阿尔卡特刚巧两年半，这个月，他被正式委任为阿尔卡特亚太区总部的采购及供应链管理总监，负责领导和管理阿尔卡特在亚太地区17个国家投资的32家企业的相关工作。第二天，他就要飞往马来西亚，为重组阿尔卡特亚太区的采购和供应链做准备。

“不用考虑了，我改行。”

王保华毕业于上海国际商业学院英语系。社会的变迁总在一定程度上左右着个人。当时的大学生就业还是国家分配制度，王保华被分到了某研究所人事科。

1987年底，美国施乐公司与中方合资成立上海施乐复印机有限公司，首次面对社会公开征召员工。王保华顺利接到施乐的录取通知，并要求立即报到上班。“我是施乐在中国对外招聘的第一批中的第一个员工，现在我还记得我的工号是42号。”

当时国内的翻译人才稀缺，施乐合资公司的中外双方，因为语言障碍几乎无法沟通。王保华的语言优势在这里被充分体现出来，他成了中外方高层管理人员沟通的桥梁。1988年初夏，他随同公司骨干到美国参观培训，理所当然成了全程翻译。从产品研发到生产制造，从工艺设计到工序优化，从原材料采购、加工到成品组装，整个培训下来使他获益匪浅，因为他接触到了每一个技术管理环节。同时因为语言的桥梁作用，使他能准确了解各个环节的细节，并传递给他人。王保华说：“没有任何一个岗位能像翻译那样时常穿梭于各个职能部门和各个关键岗位，只要你用心去积累知识，就一定会成为多面手，一个合适的管理者。”

1年后，机会出现了。当时的外方总工程师乔·费伯斯想建立一个新的部门——Configuration，王保华把它翻译成“组态控制”。这在当时是一个全新的模块管理模式，其部门管理者需要对产品开发管理的流程，以及采购和制造部门都有一定的了解，可是在公司却找不到一个对管理的每一环节都了解的经理。最后，费伯斯找到了王保华。

“你有两个选择，第一，继续做你的翻译；第二，来管理和领导这个部门，回去考虑一下吧。”

王保华：“不用考虑了，我改行。”

未开垦的土地潜力最大

从国企转到外企，是王保华职业的第一次转折；从翻译改行做经理，是第二次转折，而且这次转折使他在施乐一待就是13年。

1997年，施乐在上海建立了中国总部——施乐（中国）有限公司。当时，新公司要组建一个供需部门，对外称上海施乐实业有限公司，负责产品和备件的采购和供应。因为没有运作的先例，它在大家眼中就像是一个黑洞，看不到前景。王保华的想法不一样：“我认为没有被开垦过的土地，发展潜力才是最大的。”

他的判断是正确的，从他所在部门名称的变化就可看出名堂。1997年，供需部门；1998年，供应链部门；1999年，整合供应链部门。

正当他对手中所掌控的一切得心应手的时候，1999年，施乐深陷墨西哥财务丑闻，企业在一夜之间面临破产危机。2000年总部向全球下达了一个死命令，所有库存必须下降50%。中国施乐的销售额每年都以40%~50%的速度增长，而要在这种情况下将库存下降50%，没有人相信会实现。

然而在整合了供应链资源以后，王保华有足够的空间尽情施展身法。首先，他重组和控制计划部门，实施中央统一计划，加强计划的集中性和准确性，然后实施在统一计划下的分别采购和管理，通过集权和分治的有机结合避免牛鞭效应。

第二招，为了减轻负担，集中核心竞争优势，提高工作效率，他把能够外包的部分全部外包。先是从广州的仓库开始试点，逐步推广出来。这似乎有点险中求胜。王保华说："物流成本管理由于对费用了解的空白，具有很大的虚假性，从而形成物流成本的冰山效应。"为了提高库存周转率，他要求对所有产品类型和销售模式进行分析并分类，同时也对客户满意度进行了详尽调查。原本所有产品都走海运，但王保华一反常态，许多产品选择了空运。这一招让他的运输经理差点跌破眼镜。空运费用远远高于海运，财务总监也跑过来找他理论。但在王保华指出其中的利弊后，便不再有人反对。

临近年底，其他部门经理都偷偷打电话给王保华，询问他的库存情况。结果是从当年3月份接到命令到年底共9个月，王保华把中国和香港施乐的库存下降了51%，而当年中国施乐的业务增长是48%。

机会总是隐藏在貌似普通的石块之下

最后，施乐还是没有挨过冬天，把中国施乐拱手让给了富士施乐，王保华也随即选择了离职。

2001年11月，阿尔卡特亚太区总部成了王保华的新家，他成为阿尔卡特亚太地区采购经理。

刚进公司时，王保华手下有一个法国人刚谈完一个放置香港岛上的广告牌，老板要求继续优化成本。从一般人角度看，这个项目的条款是非常合情合理的，但王保华却通过成本分析从中找到了新的机会点。最后在不伤及对方利润的情况下，费用降低了18%，使老板和那个法国人从此对他另眼相看。王保华说：要降低成本，就得翻开每一块石头，新的机会总是隐藏在貌似普通的石块之下。

从2004年起，王保华以某个阿尔卡特企业作试点，来尝试他新推出的逆向竞标策略。新生事物一出现，就听到下面无数个声音在说"不可能"。"人们总是安于现状，害怕改变。而我的性格却是不断改变模式去创新，适应新的环境。"

王保华把阿尔卡特亚太区所有的空运量都整合起来，然后具体分析到每一条航线的运量。因为他知道航运公司总是在某几条航线上具有优势，并且有利可图，所以没有必要把所有的运量交给一家公司，以换取看似低廉的运输成本。

在把每一条航线分好后，王保华把这些航空公司集中起来进行网上竞价。奇妙的事情发生了，在半小时的竞价时间里，前面25分钟大家都僵持在原来的价位，可在最后的5分钟，电脑屏幕上的报价曲线图就如垂直线一般飞落下来。

王保华对当时的情景依然津津乐道："当时成本节省最多的一条航线下降了58%，所有人都傻眼了，那些原本认为不可能的人都开始开香槟庆祝了。"

在王保华的领导下，阿尔卡特亚太地区的采购部门连年都超额完成采购成本控制和优化指标，难怪阿尔卡特要给他升职了。他现在又多了一块亚太地区供应链管理的职能，恐怕在阿尔卡特亚太区的供应链架构上，又要掀起很多块石头了。

> **要降低成本，就得翻开每一块石头，新的机会总是隐藏在貌似普通的石块之下。**

巧用“财富500”的光环

当他离开财富500公司4年后，大公司的晕轮在他身上逐步褪尽，他的市场“身价”便回复到真实状态。

财富500的光环你利用好了吗?

A先生，今年四十有六，他的第一份工作是在上海一家大型电机厂任技术员，之后跳槽进入了财富500的大公司工作，一直从技术人员干到项目经理。或许是顶着财富500的“光环”，从来没有工厂营运管理经验的他竟被猎头搜寻到，并顺利地成为一家中外合资酿酒工厂的运营经理。但没想到，这家公司一年半后被并购，上海工厂因效益不佳关闭了。之后，他又通过猎头找到了一家工业品生产企业，但是去年6月与公司GM发生冲突，被炒了！至今，他失业已有半年多。

从我的简单描述中，不知你发现了什么吗？对，这位老兄在财富500大公司里工作10年多，已养成了在有序、系统的运作过程中，被动、机械地回应环境的行为模式；就连他的多次职业选择都显现出被动应对的特点——是在猎头的游说与安排下完成的。

你看，当他离开财富500公司4年后，大公司的晕轮在他身上逐步褪尽，他的市场“身价”便回复到真实状态，他不得不依赖自身的实力去竞争高级岗位。问题是：他离开大公司时并未具备运营经理的工作经验，以后两份工作所积累的营运管理实践又有限，而且分属消费品与工业品两大行业，生产管理模式完全不同。

把握跳槽的策略与节奏

从职业生涯管理的角度看，我认为A先生可以做得更好。如果他对自己的职业发展方向与生命周期有很好的认识，如果他提早四五年跳出财富500公司，如果他坚持在消费品行业工作……

与A先生不同的是B先生，他们俩是同岁，而且B先生只有大专学历，学士学位靠自学获得。在国营自动化工厂工作13年后，他跳槽去了一家德国500强公司，但他发现自己很难适应大公司“按部就班”、官僚机械的管理风格。于是，1998年5月他利用这家公司在业界的知名度跳槽去了一家正在创业期的美资企业。由于他作为GM的助手开展工作，老板对他的忠诚度十分欣赏，不久，他便从部门副经理晋升为工厂总经理；2000年，他又成为这家公司中国区总经理，管理的手下员工也由60人增加到350多位，年薪更是高达百多万元人民币，并拥有公司1.5%的股权。B先生认为，他在新公司独当一面工作时，经常会采用在德国大公司“看到”的管理模式，然后再结合公司特点不断修正与完善。正是这样的工作经历，让他由一个专员（Specialist）逐步成长为总经理。

比较两位候选人的学习背景和工作经历，B先生的“出身”明显不如A先生，但B先生实际拥有的管理经验、视野和为人的老练程度远胜于A先生，当然，他的身价也是A先生的300%多。

作为研究经理人职业生命周期的专业人士，我认为：当个人财富、知识与经验得到初步积累后，跳槽到中型或新成立的公司发展是最好的选择。成长中的公司几乎无章可循，它们首先是要获得生存，其次才会考虑发展，因此会“逼”着员工使出吃奶的力气，快速发现与解决问题。所谓“乱世出英雄”，在这种公司里，一个人的能力与价值会被最大程度地激发。如果你能跟随公司发展，个人职业发展的“阻碍”非常小，基本是“前无古人”，有能力的人很快就能熬成“婆”。B先生就是这样，他利用财富500的工作经验与光环，获得了个人身价的三级跳，现在他的月薪就高达6万元，他的发展速度与成效在大公司里是很难想象的。

但在跳槽过程中，应注意把握节奏，并不是所有的人、在任何时候都适合参与新公司的创业。职业与产品一样是有其生命周期的，每个职业人都要遵循其基本规律，逆势而行必然自取灭亡。一般而言，人到中年会面临很多的变数，此时的职业基调是稳定胜于一切。如果人到中年还不思稳定、甘愿“活蹦乱跳”的话，晚节肯定不保！A先生就是最好的例子。42岁时还像“毛头小伙”冲着营运经理的头衔而跳槽。我们应遵循职业生命周期的基本规律，在不同的时期明确不同的发展任务。

薪资

短命高薪拿不得

小李跳槽本来是为了有更多发展，可是，公司却是希望利用他在业内的资源短期内为公司创造业绩。

案例

8年前，李先生还是小李。那时候他怀着年轻的憧憬，带着饱满的热情，进了一家国内知名的药业集团公司的保健品分公司从事销售工作。因为自己是医学专业出身的，李先生觉得工作还蛮对口的，除了自己对医药领域有很大兴趣，而且他对医药行业的前景也比较看好，于是在该企业他一干就是9年。9年的时间里，李先生从一个一线销售人员，一直做到了国内地区分公司销售部经理。在别人眼里李先生也算小有所成，可是一次失败的跳槽让他感到前途一片漆黑。

原来的药业集团虽然效益各方面比较稳定，但是因为其在许多领域具有垄断性质，所以升到了经理之后，他几乎失去了发展机会，职业成就感和价值感很低，因为没有更多新的东西补充。李先生担心自己的能力停滞不前，自己也不愿意像其他同事那样混到退休。但是他的跳槽却把他从一个温水池扔到了火坑。

受到了另一家医药公司的高薪邀请，他到该公司担任副总，主要负责市场开拓。他以前的工作虽然主要是销售管理，但是也负责过很多的市场开拓项目，自己也对市场策划与管理有了兴趣，所以他到这家公司就是为了试试自己到底适不适合做市场管理甚至是产品管理方面的工作。于是任职半年来他任劳任怨地工作，从组织架构、产品推广方案到销售队伍的建立等，他倾注了很多心血。正当他期待着市场复苏的时候，和公司上层的一次对话让他失去了所有工作动力。公司首先对他任职半年来销售业绩的不见起色提出质疑，并且暗示他说公司高薪请他过来的核心意义不是进行什么调整、战略，而是希望他能利用自己在业内的资源短期内为公司创造业绩。并且公司上层明确告诉他今后将不打算再在他的调整项目中给予更多投入。李先生此时完全凉到脚心——来到这家公司是个巨大的错误。更可怕的是，自己几个月来把精力重心放在销售管理方面却仍然没有给公司销售业绩带来大的起色。

难道自己的价值就只有客户资源人脉资源？难道自己的管理能力存在问题，或者完全没有了上升的空间？到底往销售管理还是市场管理发展？是不是需要补充一个MBA才能引起公司上层的关注，才能获得适合的职位发挥自己的能力？这些问题纠缠在一起连同现在工作的郁闷，搅得李先生两个月来经常失眠。

点评

如果想建立核心的竞争力，提高职业含金量，找到一个理想的工作，李先生应该从以下几点来通盘考虑。

1. 优先考虑职业气质，找到最合适的职业方向

首先要深层次分析自身究竟更适合什么类型的职业，明确自己的职业气质，制订一个比较明确的职业生涯规划，调整、准确定位自己职业的方向。包括个人职业气质、兴趣、成就感和态度、价值观等，这些是内动力因素，它们反映个人的职业属性问题，并决定个人职业发展的方向性问题。科学的适合的职业方向将能最大限度激发个人的工作热情，创造最大绩效回报。

李先生正处在向新的管理平台发展的契机，那么如何选择正确职业方向自然是当务之急。因为他有可能往销售管理、市场管理、综合管理等方面持续发展，还能涉足培训师、分析师等领域，到底应该如何选择，很大程度上和他的职业倾向性有直接联系。他的职业倾向性属于ENTJ型，适合在销售管理、营销管理领域持续发展，并且有向经营管理方向发展的潜质。

2. 剖析职业能力结构，发现自己核心的能力模块

对专业学历的市场分析与充分利用，保证即使做不相关的工作也要考虑到它的专业连贯性趋势。做到学历价值的最优化。然后通过严格的岗位因素调研对个人的专业知识与技能、通用职业能力进行评估，达到管理层的还要对自己的管理能力的优劣状况得出客观结果。

通过对李先生职业能力体系的解剖，我们发现了他的职业价值点所在。他的职业能力优势在于：制定公司年度销售规划、预算和执行，制定产品价格策略和销售策略；服务重点客户，发展与协调公司经销商和客户之间关系；整合销售渠道；销售成本管理和回款；有效、活跃地开发销售渠道。

但是他有几个模块存在缺陷：建立、组织与管理销售团队实现公司产品销售目标；负责品牌的推广；负责实施市场调研，竞争对手和市场分析，对销售数据分析研究，产品趋势预测。在这些地方他的能力还没有锻炼成型，会在很大程度上制约他进入更高平台。

3. 充分盘点以往工作经验，评估经验指数

对以往做过什么一定要做有效盘点，特别是在原有工作内容中整合出和应聘方向有关的相关职责内容。而且更重要的是，必须从自己以往的经验、业绩中找到个人的职业行为模式，它们将为确定适合的职位目标起到很好的参考作用。

李先生的行业、产品经验以及他已经建立的稳定客户资源，是企业看好他，最愿意花钱雇他的地方，也是很多职业人一不小心就进入挥发型高薪职位的原因。但是根据对李先生相关行业背景和行业动态信息的研究发现，他的经验、资源的分享周期在缩短，如果将自己的职业生涯挂靠在这些内容之上，恐怕两年内就将失去职业晋升竞争力。结果令李先生感到后怕：短命高薪拿不得！

解决方案

第一，李先生应该继续留在目前的职位上，尽管资源和环

境比较苛刻，但在这个职位上李先生可以积累更多的营销和经营管理经验，有机会从较高的平台来思考问题，从而完成从销售管理向营销管理直至全面市场管理的过渡，为将来晋升到更高的职位搭建起坚实的基础；

第二，参加相关营销管理方面的培训，如营销管理MBA等，系统学习市场营销的有关理论和知识，弥补自己在专业管理知识方面的欠缺，摆脱靠经验进行管理的尴尬局面；

第三，在目前岗位上积累1~2年后，可考虑跳槽到别的大型医药公司担任副总经理或总经理职位。目前这家公司毕竟只重视短期效益，像李先生这样对自己的职业发展目标要求较高的职业人来说，长期待在这家公司不是理想的选择，因此择机而动应是明智之举。

李先生的行业、产品经验，以及他已经建立的稳定客户资源，是企业看好他，最愿意花钱雇他的地方。也是很多经理人一不小心就进入挥发型高薪职位的原因。

高薪也意味着高危

一度风光的明星人物，薪金触顶的职业白领，前途和“钱途”何去何从?

根据可锐职业顾问调查显示，70%以上的职业人会在工作6~10年时间段内出现竞争力不足现象。因为他们处于或即将处于从职业快速发展期向稳定增长期的过渡阶段，这个阶段也是职业人能否蜕变成为职场精英的阶段。他们中的大多数在这个阶段积累了丰富的工作经验和行业经验，但是却对未来的新平台缺乏明确目标，于是在犹豫间丧失了许多职业增值的机会。

可锐职业顾问案例

Lily今年27岁。3年前，Lily在新西兰拿到金融硕士回到上海。回国后她进入一家知名投资公司工作。刚进公司的时候，Lily主要是做一些辅助工作。仅用了两年时间，Lily工作出色，被提升为项目主管。Lily接连为公司拿下了几个大的合作项目，备受赏识。其间，Lily考下了CFA（注册金融分析师）一级。在经过公司高层的严格审查之后，Lily通过升职考核，被提升为投资项目部经理助理。Lily相信等她把CFA三级考下来之后，自己的竞争力一定会更强。功夫不负有心人，Lily非常顺利地通过了CFA二级的考试。与此同时，Lily也成为了一名名副其实的投资项目部经理，一做就是3年。但是近来，在外人看来事业有成的她却想到了跳槽。

Lily也曾一度是公司的明星人物，很是风光。可在刚刚过去的1年里，Lily所在团队的业绩却并不太理想。当然，业绩下降并不能说明本人能力不够。但新来的领导却对此颇有微词，听说年中刚来的那个业绩不错的同事工资只有自己一半。Lily从年终奖的分量上也看得出自己已今非昔比了，毕竟，“高薪”同时也意味着“高危”！

最令她无法释怀的是她的薪资待遇问题，当上经理后的3年来，职位和待遇都没有了上升的空间。另一方面，Lily觉得公司管理不够规范，有时还会出现多头管理，重复劳动，造成大量成本的浪费。Lily也曾向上司提过这方面的意见，也提交过一些关于公司管理体制改革方面的意见，可是几乎没有什么回应。

不断的失望夹杂着自己利益的损失，Lily想到了跳槽。她把目光瞄准了外资投资银行，只要能进外资投资银行，她甚至不介意从最底层做起。Lily也试着在网上投了一些简历，可是都石沉大海。

日子一天一天过去，Lily好害怕自己变成“温水里的青蛙”，想拿更高的薪水，却不知道该怎么办？职业道路该怎么走，前途和“钱途”何去何从？

对于这些薪金触顶的白领，可锐职业顾问提出如下解决建议。

重新整合“卖点”

企业关注的是员工创造的价值。对很多薪金并不满意的人来说，他们并不是能力达不到企业要求，而是不会包装自己，充分挖掘以往工作经历中的含金点。恰当的包装是必须的，前提是工作经历中确实有闪光点，形成了核心竞争力，包装只是把已经形成的核心竞争力展示出来。

Lily被公司的问题搅昏了头，一门心思要跳出公司，甚至盲目地把目标锁定在外资银行，从最底层做起都无所谓。以这样的心态进入职场，恐怕很难获得新的职业发展。

Lily熟悉资本运作项目的程序，并且积累了相应管理能力。她的最大“卖点”是她的资本控制经验，对企业投融资策划和实施有全面了解，熟悉企业并购、资产重组和资本运作等业务。这些卖点必须针对职位需求而有不同排列组合的方法。她可能的方向有投资公司部门总经理、银行投资部经理、企业财务经理或总监等，因此如何把卖点整合，赢得雇主眼球是跳槽成功的关键点之一。

正确营销自己

Lily挖掘了自己的卖点后，找到正确的目标市场和渠道把自己营销出去是下一个成功的重要环节。她需要充分掌握目前职场动态，进行科学的职业分析和职业定位，了解目标行业企业的情况，把握行业产品信息，充分了解目标企业产品结构、产品资源、企业长期发展战略目标、企业管理模式和企业文化等。最后在个人和企业间找到契合点，在个人和职位间找到匹配度，最终达到职业生涯的可持续性发展，实现高薪高位目标。

事实上，对于Lily的情况来说，去银行并不是一个好的选择。根据她的经历，投融资管理方面没多久估计就发展到瓶颈了，因此未雨绸缪找个提升的方向是很有必要的。财务管理是一个可实施和可提升的平台，对于Lily来说是个很好的选择。

寻求短板突破

在职业发展道路上需要不断补充知识，提高个人能力，但是补充要有针对性，明确自己职业进一步发展所缺的能力，针对这部分能力缺失制订有效的学习计划。职业人士最忌赶大潮培训，跟风学习，这样不仅对自身职业发展毫无帮助，还极有可能使职业发展陷入停滞状态。

Lily在工作中不断去学习，完善自己的能力体系，这当然是件好事，但是学习要有计划，建立有效的学习体系之后才能做到有的放矢，考更高级别的金融分析认证还需要考虑投资和回报问题。以Lily目前的专业能力和项目经验，更高级别的金融分析认证仅仅是给自己的长板再加一截，却没有在自己最缺乏的管理资质方面有所突破。而这块短板将决定Lily含金量的大小，这是Lily必须正视的问题。

最终，职业顾问通过盘点Lily的职业能力结构，发现了她本身存在的软肋问题，比如她在市场调研与销售计划的协调、销售团队的建设和长期管理等方面的专业经验过于零散。针对她的竞争力缺陷制订了成长计划，帮助她不仅拿到Offer，还让她尽快胜任新的管理工作。

面对这样的升迁，我该怎么办？

接受老板的提议，坐上销售总监的位置，是否就是把自己送到了风口浪尖？

楼主：某制药公司销售部经理　李强

我加入一家还算有实力的民营制药企业已经3年多了，不说是元老，也算是开拓者之一，我伴随着公司从小到大、从弱到强。

我所在的销售部，当初包括我在内只有3个人，现在大部分的客户资源都是我们3个人辛辛苦苦开拓出来的，那个时候的工作热情真高啊。现在，销售部已经发展到了几百人，分为3个团队，我们3个人分别任3个团队的经理。最初销售部的总监一直由老板兼任，但是，随着公司规模的扩大，老板兼顾不暇。1年前，老板从外面请来了一位“空降兵”任总监，说实话，这位“空降兵”还是有一定实力和背景的，但是面对我们3个“地头蛇”，业务上，他毫无决定性可言。两个月后他就离开了公司，又来了一位国外镀过金的“空降兵”，他在管理上倒有一套，刚上任就制定了新的销售管理制度，力图改变我们3个经理的势力范围，可是3个月后，一封举报信赶走了他，有人告到老板那里说他和办事处的某位女同事在一起出差的时候发生了不正当的关系（这次告发我可绝对没有参与）。现在的总监还是位“空降兵”，但是估计也干不长了，因为上任还不到4个月，就开始被财务部查账。

1个星期前，老板突然找我谈话，老板说他已经接到了现任销售总监的辞职书，话里话外居然有让我当下任销售部总监的意思。这一次谈话让我几天都睡不着觉，升迁我当然高兴，而且我认为我的能力也能够管理好整个销售部。但是，另两位经理，他们能让我顺利地开展工作么？如果他们用对付前3任销售总监的办法对付我，我该怎么办？

1楼：小艾

老板想让你们自相残杀。

看得出来，你现在的心情真的很矛盾。轻易把到手的销售总监职位让给别人你绝对会不甘心的，从你和其他两个人联合起来架空第一任“空降兵”一事中就能看出来。

但是，你想没想过，说不定这是你老板的计谋。你想想，为什么最初老板不升迁你们3个人，而是找“空降兵”做销售总监？说明那个时候他心里对你们3个人在公司的势力就有所忌惮了，说不定想借用“空降兵”的手除掉你们。但是，强龙不压地头蛇，最终老板不得不顾忌你们的势力而把“空降兵”赶走。万般无奈之下，他把你抬了出来，希望你接受职位，那么原本你的盟友就成了你的敌人，无论你们的斗争最终谁胜利了，3个人的联盟都必然攻破。

所以，千万别接受老板的提议，否则就是把自己送到了风口浪尖。

2楼：Jacky

三位经理中，老板对你是信任的。

楼上对现在形势的分析可能是对的，但是我坚决不同意你给的建议。

你想想，既然老板开了口，那么他心中一定已经有了详细的计划，所以不管你同意不同意，这个烫手的山芋都得接，除非你不想在公司干了。

而且，即便你不接受老板的提议，老板提拔了其他两个人，你还是在风口浪尖上，还是要面对即将到来的斗争。

所以我建议你，还不如接受老板的提议，毕竟老板第一个想到了你，说明他对你还是信任的。你想想，后两个总监都遭到了举报，你又说你没有参与这件事情，那么一定是另两位经理干的，只要你们老板稍稍思考一下，就知道绝不能把权力交给这样的两个人。

看来，老板还是对你寄予希望的，在今后的工作中一定会站在你这边，再加上你也有自己的支持团队，不是让人随便捏的软柿子。努力一下，胜利的人一定是你。

3楼：北风

尽早离开是非之地。

楼上的，说“胜利的人一定是你”这句话是不是为时过早了？职场可就是战场，战场上可以有自信，但不能自负，如果你失败了，那么失去的就是生命。

我劝你还是离开这个是非之地吧，你想想，凭你现在的能力和资源，去哪里不能体面地混口饭吃，干嘛非得待在这个混乱之地呢？从你的叙述可以看出，你们公司的管理还没有走向正规，所以才会发生这些事情，你敢保证能改变这种状况么？更何况你的对手还是喜欢暗地里整人的小人。明枪易躲，暗箭难防，别等到有一天被别人算计得身败名裂，在制药界的小圈子里传开的时候，说不定连退路都没有了。

4楼：土塬

会有一定风险，但却是一个前途无量的好机会。

老板之所以对你们3个人有所忌惮，是因为你们3个人掌握着公司大部分的客户资源，如果其中任何一个人离开，都有可能带走资源和团队，所以，老板不可能只是单纯地想借你的手把另两位经理赶走。

我想，老板真正的意思是要通过你把另两位经理在公司的势力逐渐消弱，也就是借你现在在公司的势力压制他们，因为你有“空降兵”没有的优势。所以，他一定会支持你，暗中帮助你，包括帮你抵御那些小人的举报。所以，你尽管放心大胆地去开展工作吧，相信，这次一定是你取得老板信任、前途无量的好机会。

5楼：无言

和老板站到一条战线上。

3楼的，逃避不是办法，如果楼主舍得放弃现在的努力，重新开始的话，那么早在第一个“空降兵”到达的时候就离开了，还用等到现在？

我同意2楼的建议，在这种情况下，就要勇敢地面对难题。你可以先和老板推心置腹地谈一下，把你的疑虑都说出来，希望老板帮助你开展今后的工作，我想老板也不想公司一直这么乱下去吧；如果那两位经理有本事把你也赶走，那么下一个被赶走的就轮到老板自己了。

争取老板做你的后台，让自己和老板站到一条战线上。先保公司和老板才能自保，让老板知道，你不光是为自己的未来着想，更多的是为公司和老板的利益着想。我不相信你的老板不会被你这些话感动。有了他做你的后台，你还怕什么？

抢位三招踢爆薪资极限

在这个不确定的时代，科学的职业规划加“非正常”的手段，必将促进职业发展的飞跃。

为什么许多人找不到好工作，许多工作又找不到人做？高端的位子空着，你爬不上去，你完全能够胜任的位子，希望寻求到高薪，但是很多人来抢，竞争激烈。既要抢到高位，又要有能够激发工作热情的薪资，可锐专家就一些技巧、跳槽手段做了一些总结。

第一招：辨识潜力股岗位

什么样的岗位具有晋升潜力、发展潜力呢？做好自己职责范围内的工作，挖掘自己的潜力，还需要挖掘工作的潜力。

可锐案例

苏小云是一家咨询公司的编辑，主要的职责是进行专业信息的编辑工作，和媒体保持良好的沟通，保证企业的对外形象宣传。但是，最近公司筹建自己的专业电子商务网站。苏小云大学时学过电子商务方面的课程，熟悉电子商务网站的大概框架，而且她可以从内容方面提供支持。她适时地抓住这个机会，不但在内容方面提出创新性的观点，而且积极协助技术人员做支持性工作，上司认为苏小云的协调能力比较强，就将部分工作交给她负责。这样，她边做边学，网站建设成之后，熟悉网络的运作流程，而且内容也可以胜任，所以，最终网站的工作全部交给了她，她被提升为市场部主管，薪水也得到大幅度的提升。

可锐观点

潜力股岗位，不仅是说岗位本身具有晋升潜力，更重要的是挖掘岗位的延伸潜力。苏小云如果仅仅考虑到直线晋升的潜力，不去做职责范围以外的工作，那么她就不会有晋升机会，也不会晋升得这么快。

在个人的职业成长过程中，规划的过程是个非常重要的过程，并不是说要给职业人强加以外的工作，这绝对不是"碰机会"，不知道提升的方向和范围，即使有机会，也会熟视无睹，又何谈有意识的准备和有方向的补充。

第二招：到发展型企业"淘金"

有发展的企业岗位才具有更大的竞争力。

可锐案例

Mary来做职业咨询的时候，身心憔悴，造成这样的局面，只是源于她想去世界500强企业，她为此做了大量的工作，却始终不能如愿。到底是什么原因呢，简历？形象？证书？她搞不清楚。她对职业顾问说一定要帮助她去500强企业，这就意味着职业坦途，意味着一劳永逸。但是，经专家对她能力和经历的分析，发现她去一家发展型的信息技术公司是最佳途径。Mary觉得不能理解，从而与职业顾问产生了争议。

为了让Mary理解，可锐专家为她找了一家500强公司，让她心理达到暂时平衡。这时，专家为她一一剖析了为什么发展型企业比500强企业对她的弹跳力更能提升。

第一，这家发展型企业在行业中属于新锐企业，无论是在市场营销还是产品研发，都领先于市场同步水平。

第二，该发展型企业正急速扩充，有大量的人才的需求。

第三，这家发展型企业正在排队上市，很有做大的可能。

第四，综合判断Mary的专业能力、个性、工作经验，正是这家企业看中的，而她目前缺乏的项目管理经验、管理协调能力，会随着公司的成长，得到大量的锻炼机会。

第五，由于该公司对人才的渴求，以及考虑到未来发展的人才储备，它的支付水平高于市场的15%~35%，而且仍有很大的增长机会。

经综合了解、对比了两家公司的情况，Mary欣然接受了该方案。目前，她在这家公司中已经工作了半年时间，涨了两次薪水。她还活跃于业界研讨会和专业论坛。事实上，她已经是行业中颇有名气的专家。

从开始非500强企业不进，到在发展型企业迅速弹跳，Mary只花了半年多时间，而且她懂得了想要达到职业成功的经营要领。

可锐观点

发展型企业对竞争力增长所提供的弹跳空间大于大公

司。所谓正规就是按部就班，而在目前中国的职业人在核心竞争力、职业化锻造过程中，要补足软肋、提高弹跳点，发展型企业是最佳选择。它的薪资回报优越于普通企业，比规范化企业的晋升速度要快，这需要打造一个职业精英的判断能力。

第三招：防止投资错位

花最好的钱做最恰当的事，花最少的力气，将事情办成。

可锐案例

高天工作6年后，希望出国深造，通过朋友的推荐，他对国外某著名大学的MBA产生极大的兴趣。他希望可锐能够根据他的工作经历为他的深造提供建议和指导。但是经过专家的剖析，发现他完全没有必要出国。根据他的情况，为他推荐了国内某商学院的EMBA，这完全可以解决他的问题，而且，此项投资仅为出国花费的三分之一，大大节约了金钱和时间。现在，高天的课程已经基本结束，他也通过这次深造获得的资质，成功进入一家私营企业的高层，负责其海外市场的开拓战略。整个深造的投资花费，仅用了三个月就获得了回报。为他的未来职业前景，奠定了坚实的基础。

可锐观点

职业的阶段性发展，必须有相应的阶段性投资来助力，但是职业人的非专业和不合理的投资方向，很大程度上导致职业发展受阻，竞争力受挫，投资成本加大，投资回报效率极低。这种状况对职业发展的阶段性突破极为不利。

专家为高天提出的职业投资是量身定做的，投资也要讲求效率最大化，对应于你现阶段的发展才能对晋升对突破有明显的效果。说白了就是，用一分的力可以解决的问题，就不必要费九牛二虎之力。

高薪VS兴趣——经理人如何选择职业

一边是自己喜欢的工作，但薪水不高；一边是待遇不错的工作，但兴趣不大。我该如何选择？

主持人：陈斌　《人力资本》编辑

参加者：穆燕　瑞恩钻饰名店人力资源/行政部经理

周　波　北京道锐思管理技术有限公司首席管理顾问

李雪松　北京外企太和企业管理顾问有限公司咨询业务部高级顾问

黄海宇　卡特彼勒（中国）投资有限公司人力资源部经理

网名为小火虫儿的一位朋友2003年11月15日在《人力资本》BBS上贴了一封求助信：

各位人力资源专家，小女子近日感到十分困惑，希望各位能指点迷津！谢谢！

我现在就职于一家国营地产公司，主要从事行政助理工作。企业业务发展还算顺利（因为是国营企业，所以在业务上会比其他公司具有更多的机会），而且工资还算可以！同时还有各项劳动保险及公积金！但是国营企业的工作效率和一些管理都很差，而且公司的管理与业务的发展严重脱节。公司这边也想改制（由国有占一部分股份、企业主占一部分股份），同时老板也是想慢慢地通过我来实行一些改革。但是不管在什么性质的企业里，如果想改革也不是十分容易的事情，尤其是在这样一个企业，如果做得太多，别人就会以为你要抢他们的工作，占他们的位子，所以想做出改进有挺大的难度！而另一家企业是大型的百货业，中国的第一家Shopping Mall，正处于筹备阶段，而且也有一定的发展空间，很重要的是，在这家企业里我会得到我所感兴趣的工作，就是做人事助理。将来做得出色的话，还可升为人事主管。但是工资不会很高，因为在我们这个地级城市来说百货业的工资都是比较低的！同时百货业的工作压力是比较大的，也会非常忙，到时候心里肯定会不平衡，会觉得自己为企业付出那么多，可最后自己的生活过得不丰富。

我现在就面临着选择，是选择自己感兴趣，但薪资很少的工作，还是选择没有什么工作激情，但薪资还说得过去的工作？我也知道人生都没有十全十美的事情，到底如何选择？我非常想听听各位人力资源专家的意见，希望你们可以指点我的生活！

为此，我们邀请了几位知名公司的HR专家，希望可以给像“小火虫儿”这样处在工作十字路口的朋友一些好的建议。

周波：一个人的职业发展是分不同阶段的，而在每一个阶段个人的需求重点是不同的。

在职业发展的初期，薪水与兴趣其实都不一定很重要，最重要的是你要有机会做最有挑战性的工作，这样你才能学到更多经验与技能，日后你才有机会获得很高的收入。

在职业发展的中期，你已经不能不在意薪水，这时你很可能已经成家立业并且已经在职场上打拼了多年。如果在初期你有机会学习到很多有用的本领，这时高薪对你应该不是什么问题。相反，如果在开始工作的头几年里你没有得到很好的锻炼，以后你可能很长一段时间都不具备获得高薪的能力。

到了职业发展的后期，到了你已经有能力获得高薪或者高薪对你已不那么重要的时候，你自然而然会向往做你最喜欢的事。一个人的一生如果都能较顺利地经过这三个职业发展阶段，那么他算是幸运的，因为在现实的社会里很多人为了维持生计一辈子都没有机会做自己真正喜欢的事。

当然，如果你能够在职业发展的初期就找到了既高薪又感兴趣，同时又能挑战自己的工作的话，你简直就是职场的幸运儿。

根据“小火虫儿”的情况，估计你还在职业发展的初期，给你的建议是不要过分在意高薪还是兴趣，应该比较一下两个选择哪个更具有挑战，哪个能让你迅速提升职业技能。我的感觉似乎是中国第一家Shopping Mall更可能让你找到快速学习轨迹。如果5或10年以后你能做到职业经理人的话，那时你就“高薪”和“兴趣”一个都不会少！但是如果你在职业初期因为过分看中高薪或兴趣而失去一份能最快提升你职业技能的工作的话，将来“高薪”与“兴趣”就都会离你越来越远的。

穆燕：人的一生总是在面临各种选择，选择的同时，就意味着必然要有所放弃。什么是最重要的？也许是我们最先要考虑的问题，从而能够确定个人的职业发展路径，即选择怎样的长期目标。其次要考虑，为达到长期目标，哪些是可以或必须放弃的短期利益？

“小火虫儿”朋友介绍的情况比较详细，试通过下表粗略分析两家企业：

表1　两个企业的相关考虑因素得分

企业	职位	待遇	内部环境	行业	长期发展	总计
地产	0	1	0	1	0	2
百货业	1	0	1	0	0.5	2.5

如上所列，由于行业和待遇两项让人不能十分满意，职位虽然是个感兴趣并积累经验的好机会，但确实影响了今后在该百货业企业的个人长期发展可能。若两家企业的优势能够结合，就如人所愿了！现在确实令人难以抉择！

毫无疑问，为长期发展考虑，我个人认为地产企业是一定要离开的。我们也许有多一些的选择：

1. 现在离开，去百货业企业，以在该企业长期发展为目标：在感兴趣的职位上，积累1~2年的经验，得到职位的提升，企业也在相应发展，待遇和投入达到了平衡，长期发展的可能性增大。这样的选择有短期利益的牺牲，有职业经验的收获，也同时存在着依靠企业整体环境的风险。

2. 现在离开，去百货业企业，以积累职业经验为目标：在感兴趣的职位上，积累1~2年的经验，得到职位的提升，企业没有相应发展，待遇和投入不平衡，长期发展的可能性变小，适时寻找更好的机会离开。这样的选择，有短期利益的牺牲，有职业经验的收获和机会，有再次寻找新工作的风险。

3. 暂时不离开地产企业，积极寻找更适合自己的机会，在行业、企业、职位、待遇、发展等方面争取满意。没有短期利益的牺牲，但有失去机会、较长时间等待的风险。

4. 现在或将来，有否考虑向附近的其他城市寻找机会？扩大眼界、更多机会、增加人生的经历？

性格即命运。有的人闯出了自己的天地，有的人等到了自己的机会，得失只在自己的心中。选择是容易的，决定了不后悔才难，一直乐观努力向前走，总会有自己的收获。希望年轻的“小火虫儿”朋友，人生有目标，天天都愉快！

李雪松：从职位生涯设计的角度来看这个问题，我个人认为还要选择自己感兴趣的工作，就像一个人吃饭是为了活着，但活着绝对不单单为了吃饭。做一件工作，首先要自己感兴趣，如果自己嫁给一个不爱的人，尽管他很有钱，但不能给你带来幸福，这样的老公不嫁也罢。工作也一样，一定要自己感兴趣，这样工作才会有激情，才会有成功后的喜悦，这恐怕不是薪资高就能换来的。

一份好的工作有几个标准，一个是能够充分发挥自己的才能和专长，另一方面还要通过它能够学习到更多新的知识和方法，当然，不可或缺的还要有兴趣。如果这份工作不能给自己未来的职业前景奠定很强的基础的话，如果这份工作让自己缺乏激情的话，我们可想而知，那样的一种工作状态是多么的恐怖和令人难受呀。

放眼量，前途一片光明，我给这位同行的意见是珍惜自己感兴趣的这份职业吧，是你未来的机会。

黄海宇：小火虫儿其实很有思想，很有思维，没有盲目地随心所欲。现在，她是在选择，就像买东西时挑选所喜欢的商品一样。但这次不同，她在选择不同的生活，不同的人生。

有一个思考树的理论，每一个做出的决定都会导致不同的结果，就像一棵大树有不同的分枝。这听起来有些枯燥。有这样一个故事：瑞尔齿科就是现在很时尚、帮助人武装到牙齿可以带来自信的齿科诊所。瑞尔齿科的现任总裁邹其芳先生曾经是中美史克中国公司的高层管理人员。当时他的收入和待遇非常优厚，应该属于“高薪”的那种。可是，他却选择了放弃舒适的生活和进一步升迁的机会，而是去美国沃顿商学院读MBA。毕业之后，他没有留在美国，而去了在香港的一家世界顶级的银行做banker。那时他的年薪也就是100多万。因为他真正的兴趣在于从头到尾实实在在地做一件事。于是，他辞去了香港的工作，回到北京来创建瑞尔齿科。这对于他来说是一个没有回头路的选择。因为，他几乎走过了创业的年龄，而且齿科对于他来说是从来没有经历过的。

经过几年的风风雨雨，坎坎坷坷，邹其芳先生已经在北京建立了5家齿科诊所，包括1家种植中心。同时，上海和深圳还各有1家诊所。从邹先生的经历可以看出，他今天的成功归因于当初的选择。只有认真地去选择，把兴趣进行到底，才会为成功创造机会。

坦白地说，很羡慕小火虫。因为，她年轻、有兴趣，而且选择的机会很多。关键是她想要的是什么，追求怎样的生活方式。关于兴趣与高薪，不同的人会有不同的选择。理想状态，兴趣与高薪兼得；极端一些，完全追求兴趣的人可能对钱的需求很低，比如说穷书生；但如果把高薪摆在首要位置，可能就必须放弃对兴趣的追求，像暴发户。还有一种就是邹先生那样，把兴趣作为目标，要经过一段过程才可以达到。因为那是一个很大的兴趣。

虽然说每一个做出的决定都会导致不同的结果，但未必都是最终的结果。即使是错误的也在所难免，重要的是你所做出的选择，并且在选择中学习、进步。像人们常说的那样，我们生活在变革的时代，世界在变化，我们应该用发展的眼光来看世界。兴趣同样在变化中发展，走向成熟。我当时做HR的时候，并不知道HR是什么样的工作。这么多年做下来之后发现HR是一份有意思的职业。渐渐地，我对HR产生了兴趣。为了把HR做好，我还重新返回课堂，去系统地、理论地学习HR知识，并定下目标，如何把学到的知识运用到日常工作中来，使自己的工作能力和职业发展再上一个台阶。

选择一家好公司，做感兴趣的工作，好好努力，不断学习，为将来挣得高薪做好准备。就像爬山，每一条路线都会到达山顶，只要坚持，所需要的只是时间。

小火虫儿听完专家的指点之后真实的心理感受：

首先，非常感谢各位资深专家给我的支持和帮助，为我的职业生涯"出谋划策"。我觉得自己很幸运，虽然在职业生涯中遇到这"恼人"的事情，但却有这么多专家为我分析目前的行业形势，使我在以后的职业生涯中不再彷徨，也明确了今后再遇到这样问题该如何思考、解决，这种帮助对我来说意义是长远的。

我现在回到了地产公司，放弃了大型百货业的职位，本以为回到地产公司拿到了高薪可以很高兴，可是事实并不像想象的那样。就像李雪松（老师）说的那样："选择一份工作，首先要自己感兴趣，就像如果嫁给一个不爱却有钱的人，也不能给你带来幸福。"在公司的这段时间感到公司的工作效率非常低，有很多员工都在那里混日子，因为公司缺少有效的激励和考评机制，在每个员工心中都有做好做坏一个样，做得多错得多的消极想法。而且这种企业文化就像"磁场"一样"磁化"着每个靠近它的人。而且，我在公司的工作内容根本就不像老板当初所说的那样，进行改革的工作，而是整天在处理一些日常琐碎的事情，根本就无暇处理其他事情，也没有和外界接触的机会。在这样的企业里待久了，我真怕自己会被“同化”，变成一个倦怠、毫无竞争力的人，到时候只有待在企业里，随着企业“生”而“生”，“死”而“死”。

有很长一段时间我都在后悔，后悔自己当初的选择，每天都过得很不开心，觉得自己在这样的企业待下去，肯定不会再有什么前途了。做任何事情都提不起精神、不积极，每天总是在等着下班。后来我慢慢感悟到，不管在什么类型、发展如何的企业，总会有值得我学习的地方，比如：企业文化、业务流程、行业特点以及上司和其他同事身上的优点，这些都是值得我去学习的，这些经历同样可以丰富我的经验，起码在自己不被别人重视、意见不被采纳的时候，心里会比较平衡。关键是在问题来临之时怎么去看待。我觉得作为年轻人最关键的是要摆正自己在社会中的位置，做事情要一步一个脚印，不要好高骛远，在实际工作中细心观察、多为自己以后的高薪做准备。就像周波（老师）所说的那样：“一个人的职业发展是分不同阶段的，而在每一个阶段人的需求重点是不同的。在职业发展的初期，薪水与兴趣其实都不一定很重要，最重要的是你要有机会做最有挑战的工作，这样才能学到更多经验与技能，日后才有机会获得很高的收入。”

看了专家们的分析，我明白了自己现在处在职业发展的初期，需要在实践中多多锻炼自己，并且得用业余时间不断地充实自己，这才是我现阶段职业发展的重点。机会总是眷顾那些有准备的人，当机会来临时才会有“质”的飞跃。

生涯规划

职业生涯的“三分天”

要解决自己迷茫的问题，首先要从和自己职业生涯有关的三个命运主题出发来规划自己。

迷途的羔羊

不少职业人士平时加足马力地努力，有一天突然觉得很累，停下来回顾，觉得自己从能力到收入，到生活……一切似乎一年甚至几年来都没改变，茫然之间，满腔的豪情，曾经信誓旦旦的目标，如雪崩般塌下来，灰飞烟灭……想休息，想跳槽，但未卜的前途却使自己产生恐惧和茫然……蓦然回首，才发现自己原来是茫茫职涯中迷途的羔羊……

笔者结合以前长期的积累和调查，发现主要原因可以归结为五个迷茫的问题：

1. 收入不如预期。

例如，希望今年月薪升到5000元，但到年底仍是4000元；

年龄增加了，供楼压力大等。

2. 学历和资格的压力。

怕专科学历无优势；财务主管考不到CPA资格证；边工作边读书压力太大；公司好像很重视学历，可能因此不获升迁甚至过两年被淘汰等。

3. 优势不明显，缺陷太多。

例如，我会技术但不懂管理。

4. 升迁无望。

例如，我本来有升迁机会，但我的上级虽成绩不突出，但也不差，他一直占着主管位置不动，我没有升迁机会等。

5. 我的同事或朋友已发生了比我好的变化，而事实上可能我不比他们差。

例如，以前能力平平的同学Petter已经供楼买车，或做了某公司区域经理。而我还是收入低微的小职员。

——时间在前进，而我以上的现状没改变。

职业生涯的“三分天”

所谓“七分人事三分天”，职业生涯的“三分天”是什么？要解决自己迷茫的问题，首先要从和自己职业生涯有关的三个命运主题出发来规划自己。

1. 出生背景。

你是出生在世界首富的摇篮里，还是贫瘠的非洲山洞，本身就注定了职业生涯出发点的不同，这就是你不得不信的命运，我们无法改变的事实！千万不要埋怨，那无济于事。你要正视这个事实，并作为规划职业生涯的起点。

2. 气质（心理学上的），也就是常言“性格决定命运”中的“性格”。

比如你性格木讷，不善辞令，那么，别试图让自己在销售、谈判、辩论领域出类拔萃。如你是个我行我素的设计人员，也不要试图尝试“我在设计方面已经混得不错，换个HR工作做，发展一下自己”。当然，也千万不要将对待生活的态度等同于性格，性格只影响你做事的方式，而态度影响结果。所谓消极、积极，不是性格的结果，是态度的结果。

3. 天赋，特质。

每个人的大脑区域中，都有一个最佳潜能区——我们可以寻找、发掘、把握的命运主题。例如，在校时我们就发现有些同学语文很好，而数学总不行，有些则相反。有些人运动天赋和动作技能很棒，几乎是天生的，而有些人怎么调教都投篮不准。这就是我们与生俱来的智力结构特质。

不要盲目相信什么“规划一下可以改变你一生”的职业规划培训，只有了解自己的“三分天”，才能使你尽“七分人事”的努力时取得事半功倍的效果。

“职业生涯”的定义

了解了三个命运主题，还要清晰地知道职业生涯的主题含义。

职：职务、职位

业：行业、专业、公司

生：生计，本质就是“收入”。主题指向的核心之一

涯：时间、时段，也是个附加主题

这种看似荒谬的拆字释义法，却能清晰揭露很多求职人员的矛盾问题。例如，你是为了一个更高的职位去作选择，还是只

定位于某种职务的工作兴趣？你在择业时是注重先选行业，选专业，还是选公司？三者往往不是统一的，选对兴趣的行业，未必符合自己专业，有符合自己专业和兴趣的职位的公司，未必是你要去的公司类型……反之亦然。去大公司还是小公司，常是选择的矛盾。而收入就绝对是一个核心问题，哪怕你的选择主要是“为了去大公司发展自己某种能力，多少工资无所谓”，但起码你内心一定有个底线，有个增加收入的计划和欲望（也许你自问：发展某种能力是为了什么？就会发现，最后的答案，都和金钱有一定关系）。而时间，常常是自我规划中容易被忽略的因素，却是个重要的主题因素。因为我们发现自己的现状没有变化，事实就是因为没有随“时间”变动而变得更好。你必须首先确定：你愿意、你计划在某一公司、某一行业、某一领域、某一职位干多久，才能规划所有的行动计划和下一步的方向。很多求职者在这些问题上往往是模糊的或无法准确选择的，因为不知道选择的正确依据是什么。（选择的正确依据见下面分析。）

来自“马拉松”的恐惧

如果你的职业生涯的任何方面没有随时间发生变化，那就是一场“恐怖的马拉松”，要消除恐怖，自己必须清晰回答以下10个问题：

1. 现在的工作一开始就是这么无聊吗？（答不是，就可能是自身有问题，如能力进步停滞。）

2. 同样职位的同事也认为这份工作无趣吗？（如果不是，可能是自己态度问题；是，则公司HR管理有问题。）

3. 在工作上是否仍有学习与成长的空间？（有则不要轻易跳槽。）

4. 如果重新选择职务，自己最想做什么工作？（是兴趣和特质所在还是为了“新鲜感”？）

5. 在原来的公司，有换跑道的可能吗？（有，则不要轻易跳槽，但即使有，也要考虑是否有利于自己核心能力的发展。）

6. 跳槽到其他公司，有换跑道的可能吗？（这种可能不是概率上的，而是基于对自己能力的认识。）

7. 朋友转换跑道成功的最大原因是什么？（当局者迷，可以作为参照物。）

8. 自己有转换跑道的本钱（专长或兴趣）吗？（核心问题，答案否定则不要考虑。）

9. 如果有进修机会，最希望学什么？为什么？（补自己的不足，更要强化自己能力上的优秀领域。）

10. 自己想象中的一段时期（1年、3年、10年）后是什么样子？（未来的定位。）

而这些问题的核心，就是你是否清楚“选择”将会付出哪些“机会成本”，以及选择的“资本能力”如何。喜新厌旧是人类的好奇心的本能；而“选择”是恐惧的原因，人们会因为害怕机会成本的付出而不敢选择。

> 天下无不散的宴席，在“跳槽”的选择上，你必须清楚10个问题的答案，谋定而动。

错误的传统职业生涯路线

但在谋定而动之前，还要清楚，很多流行的职业生涯的观念是错误的。目前社会上流行两种“职业生涯路线”，笔者认为都是错误的，因为很多非正确的跳槽现象，及多数人职业生涯的失败，都和这两种观念的误导有关：

1. 向金字塔顶攀（职位、资历）

2. 向独木桥前进（与某一专业、经验或背景最直接联系的单一方向）

错误的原因：

1）金字塔尖只有一块金子——如果公司告诉你，为每一位员工提供广阔的发展空间，那只是一个政治谎言；如果你认为这句话的意思是“可以升职”，那你就是具有片面的理解和错误的思想，一批员工只有一、二个人最终获得这个空间。

正确的意思是：空间可能是你能力、潜力的空间，不是职位空间。而对于职位而言，公司提供的只能是机会（且绝大多数公司的机会不是表面标榜的对每个人平等的），而不是空间。

2）条条道路通罗马——现代社会的一切都是以变应变。现代人力资源管理的特点已经从“追求终身的就业”变成“追求终生的就业能力”。

职业规划的误区与正确方向

误区：升迁构成成功职业生涯的一部分，所有的工作（学习）是为了一份成功的人生简历。

（错误原因：为了给别人看自己的成功，在乎别人的评价。）

正确：绩效或岗位成就才是成功职业生涯的标志；快乐的工作着并充满成就感（或有收获感、充实感）是成功的职业生涯。

（正确理由：为自己而生活。在乎自己的感受。）

比如，在笔者主管的部门中，有些部门主管的薪酬已经高过笔者，因为角色定位使得其在负责的领域成长为“状元”，我不能比其在该领域干得好；同理，不表示他工资高，就理所当然可以取代我的职位。因为工资也是按照角色定位设计的。看看多数公司的顶尖销售人员可能拿比老总还多的薪酬，理解角色定位就不难了。目前，多数公司这一原则一般只在销售部门执行（是客观规律使然，而不是这些公司有这样的管理意识和人力角色资本定位），但未来，角色定位一定成为一种职业规划的趋势。所以，员工应该追求在自己突出的方面做到顶尖、不可代替。而不是为了升职。在对自己的职业生涯进行角色定位时，重要的一个问题就是：自己必须清楚自己对成功的定义。

你对成功的定义

1. 你有何优势助你成功？

2. 你有何劣势阻碍你成功？

3年内赚到1000万就是成功；有份高收入、高社会地位的稳定工作是成功；有了自己的公司叫成功……每个人都有他自己成功的定义，围绕此目标，找到达成目标的优势和劣势，决定上面第三个问题——关于职业生涯选择上的种种矛盾和优先次序，就迎刃而解了。因为关于职业生涯的种种规划和选择，都是为了自己的某种成功。

把握的关键

（一）“定位”！

“行行出状元”的哲理——最佳潜能区决定你可能作得优秀和卓越的领域。“努力”不一定有结果，努力可以做得“很好”，但如果不是自己的潜能所在，不能做到“卓越”。例如，爱因斯坦再努力，恐怕也不可能成为优秀的拳击手。

1. 角色定位

员工应从过去的专业定位、职业定位、行业定位、职务定位观念向角色定位观念转变：在团队中，在公司、在社会，在生活圈周围，你正在、你可以、你希望充当什么角色？

2. 行为转变

1）从优势论角度定位角色，不要做不切实际的梦想。“定位”原理符合社会分工的规律。最佳潜能区成为主要开发区，但如果某一缺点成为屏障，要全力清除它。

2）从不断努力改变自己的不足向发挥自己的优势（80%精力发挥优势，20%精力投入于改变缺点）转变行为。

3）成功角色定位的核心：不可代替性。不可代替性要求在自己的角色定位上出类拔萃。

4）角色定位的待遇问题：经理的工资可能低于本部门的某一角色，这是一种趋势。如市场部的优秀业务明星。因此，无论你处于哪一职位，哪一行，只要适合你的潜能，你就应尽力做到卓越，做到不可代替，成为“状元”。而不要将不符合你的潜能结构的职位定位成目标。

（二）知识（学历）、经验、技能、特质的区分

知识、经验、技能是可以积累的，但只有按照符合自己的特质和天赋来积累，才能成长为卓越的角色。因此，HR经理用特质要素招聘，求职者用特质要素定位自己。

如何区分特质呢？特质，就是优势潜能的本质。在做一件事情中的如下情况显示了你的特质：

1. 学得快、领悟高，不易出错；

2. 你认为在某些方面自己有天生优势，无师自通；

3. 通常能使你感到很大的满足感与成就感、充实感；

如何测试自己准确的职业生涯定位

有了对以上7个方面的理解，我们就可以通过以下10个问题测试自己的职业生涯定位。

1. 你对目前的工作哪些方面最满意？哪些最不满意？你认为理想的工作是怎样的？（包括职位、行业、待遇等）

2. 你认为什么是你的成功？

3. 你认为自己的优势和弱势是什么？

4. 你未来的自我意象、定位是什么？有达成这一定位的资本吗？这一定位符合你自身特点和优势吗？

5. 你认为现在自己是否起着明显的角色作用？

6. 你曾经获得的最高成就、奖励、满足是什么？为什么认为是最高的？

7. 你有什么未来成长目标和专业目标？计划学习某些技能？是否愿意经历某种挑战？当前的短期目标是什么？

8. 你每天是否有机会运用你的长处和优势工作？

9. 在过去一年里，你在工作中有机会学习和成长吗？

10. 在你的印象中，你提的哪一类意见通常是最受公司重视的？

了解优势和弱势的方法

如果你回答了以上问题，还未能清晰判断自己的定位方向，那么，可能是对自己的特质不了解。可按以下方法，了解自己优势和弱势，来判断自己的特质：

1. 记下你每天学到的新知识，掌握的新技能，获得的新经验→职业资本。

2. 记下你的成绩、受到的肯定、觉得最有收获成就、充实的事情（不只是工作岗位上的，例如，日常中你善于调解朋友的矛盾，说明你可能具有适合做HR工作的特质）→明确优势。

3. 记下你的点滴错误，令你厌恶的事情（限于你自己做的）→认清缺点，努力改正它，如果发现改不了，多次不自觉犯错的、做不好的、讨厌的，要注意，这是你的劣势→认清弱点。

积累以上3方面半年以上，进行一次分类与总结，明白哪些领域你存在独立优势，那些领域你存在非独立优势（即需要团队协作才能体现的优势。例如：你经常会算错数字，但本能上却有一种找出数据之间的规律的能力，那么，要做出成功的分析报告，你需要一个优秀的统计人员合作）；哪些领域是你在不断加强，并能很好应用的潜力领域；哪些是你花了大量精力，却在实践中很少被你主动运用或发挥不力的非潜力领域；哪些是你必须改进而且能够改进的缺点领域；哪些是你必须却无法改善的弱点领域；哪些是你必须放弃的行为领域，但你仍要正视它也是你个人特点的一个存在领域。

记住：金无足赤，人无完人，尽量发挥与强化自己的优势存在领域，并体现在行动中！

事业家庭未来：找不着北

只要自己设定一个切合自己的目标，对自己的雄心、长处及短处有实际的了解，尽早规划自己的人生与职业发展计划，以既有的成就为基础，将个人、事业与家庭联系起来，计划和实施短程可行的方案，成功就是指日可待的！

嘉宾：

赵 嵬 泰来大友职业发展有限公司副总经理

卞秉彬 可锐职业顾问首席咨询师

杨胜军 神州数码人力资源部副总经理

一个驻地销售代表的困惑

"我"的经历

1999年大学本科一毕业，我就选择深圳作为自己职业旅途的开始，于是也就跌到了无根生活的漂泊当中。从深圳某通信公司开始，到国内某低端主流网络设备厂商，再到现任的网络设备集团，工作职位从市场专员、项目经理助理、办事处副经理，至现如今的某省首席代表；工作地辗转陕西、安徽、江苏、浙江及辽宁等地。

70年代出生的我，以前觉得漂泊的生活很刺激，可是，现在……所有的都是困惑。

困惑一：有关事业

事业，似乎对每一个男人来说一直以来都是命根子。而当我已经达到省首席代表的职业高度时，突然发现事业似乎要戛然而止了。2002年12月到现在负责的这个省，做网络设备，分支机构7人，2003年业绩1400万，年增长率400%，任务完成率110%，竞争对手D-LINK在这个省也没超过2000万。而今年同期业绩却只是去年的1/3，跟集团新换的东家有关，新东家对这个行业理解不是很深，瞄准了销售政策进行紧缩银根，我这出头鸟就成了众矢之的。坐到驻地首席代表的位置上，想再爬升，有重重险阻。险阻一：我这个外放官，想要再升职，就只有回总部报到了。可是总部的位置已经一个萝卜一个坑了，唯有耐心等待；险阻二：外放多年，早已习惯将在外军令有所不受的自由散漫，回去做“京官”，恐怕难以适应新的角色；险阻三：几年来，集团东家是换了一家又一家，如同走马灯，我每年只是述职几次，走马观花地同上层们汇报，脸熟都混不上，哪还混得上感情熟啊！

也琢磨着自己换个老板，本也想放弃这个省，回深圳任职某新兴网络设备厂商的××总监，但偏偏还是被某些东西拖累着。一朝天子一朝臣，我走了，办事处的这些兄弟姐妹们怎么办，这是人情关；在这个省已经打通不少关节、交到不少朋友，离开了，就扯断了关系网，这是人脉关。

困惑二：有关家庭

曾经，我有一个高中时就苦苦相恋的女友。2002年的年初，当我满心欢喜拿着戒指回到家乡希望给她一个惊喜的时候，她结婚了，新郎不是我。她淡定地告诉我，她若干年前追随我四处流浪的想法已经改变。

现在，深圳的女友对我死心踏地。可是我却不知道把家安在哪儿。在当地买房，我迟早会离开，只能当个租客；在深圳买房，我不知道何时才能回去，只能给现在女友一个两地分居的家。

第一家公司销售总监、上海交大第一届MBA告诉我：做业务是一支离开弓弦的箭，没有回头路……但再怎么着，箭也总该有个目标吧，我连这个也没有。

困惑三：有关未来

日复一日地在与运营商腐败的同时揣摩其心思，与代理商称兄道弟但暗地里勾心斗角，与夜总会妈咪攀关系让其打折，在向总部领导编故事、要资源然后心里笑他什么都不懂的同时又担心其实他什么都知道，把很多工作向下属一推然后自己睡到自然醒……这些以往让我感到很有征服感的事情开始让我有些招架不住，这就是我要的事业吗？

今年年初，打击接二连三：我最尊敬的原公司总经理被调配到集团另一公司任副总；同时，另一个同样受我尊敬的老上司——产品总监另起炉灶。我的未来呢？自己创业？做职业经理人？似乎哪条路都行不通。

坦率讲，对金钱方面的追求并不执着，够用即可；对每笔生意的谈成并不激进，万事稳妥为上。基于以上两点，不贪钱、不敢冒险，创业对我来讲基本没戏。

那当个职业经理人呢？英语这个国际通用的语言在我这儿已经被消磨殆尽，只剩下26个英文字母记忆犹新；买了一本《高效能人士的7个习惯》，半年了还没翻开。一直想去读个研究生、MBA，但我这没根的生活，明年都不知自己会在哪个城市游荡，读个函授的还差不多，可我对自己的定力没那么有信心。

或者干脆转行，IT有些东西是越做越看不懂，可转行很容易吗？我这半生不熟的估计也不招人待见。

"我"产生如此多困惑的原因是什么？

赵嵬：主要是缺乏良好的职业生涯规划

自己做老板，还是做职业经理人？相信这是很多大型企业销售经理都曾遇到的困惑。让我们分析这位28岁的某大型集团IT设备公司驻省办事处经理所面临的同样问题。

应该说具备行业背景、销售经验以及相对稳定的客户群，是个人走创业之路的优势资源，但为什么"我"无法走出这一步呢？启动资金的短缺，所开拓市场的相对狭小，对风险的心理承受能力不自信等，一目了然。可以说一二年内，走创业之路是不具备物质和心理基础的。那么，"我"的问题出在哪里？让我们具体分析：

首先，毕业后没有进行良好的职业生涯规划。"我"和大多数大学毕业生一样，先就业再择业，缺乏对自己的了解，没有认真计划今后5年的人生道路与职业生涯。"我"先后在三家企业任职，第一次离职因寻呼市场的滑落，第二次离职因与主管的矛盾。进入IT行业，走上市场、销售职业皆因机缘巧合，而非主观选择。现在的困惑来自于当初对未来定位的不清晰。

其次，对大型企业的人力资源政策并未完全适应。一般大型集团企业会涉足多个行业或产品，由不同的公司或事业部分别经营管理。资本运营、业务整合、市场反映、集团内部原因等诸多因素都会对集团企业的高层人事带来变动，这种变动必然会对员工带来影响。“我”对高层人事变动不能很快适应，又对企业内部的人力资源发展计划不了解，看不到晋升和发展的前景，当然会困惑。当然，这与企业的人力资源工作也有一定关系。

第三，对销售工作本身产生了一定的心理倦怠。对从事销售工作所面对的社会负面因素产生了厌恶。

第四，缺乏良好的个人生涯规划。职业生涯是个人成长的一部分，生活、结婚、理财、建立事业都需要认真计划。良好的生活习惯也是优秀职业人的必备素质。

卞秉彬：“我”的困惑多主要源于以下几个方面。

首先，从“我”的职业发展规律来看，“我”的职业价值已经在急速下滑，远远早于“我”感到困惑的现在。第一，因为“我”的职业价值和技术产品直接挂钩，一旦产品出现更替，相关技术工程项目市场份额肯定会缩水，而公司战略的调整肯定会对“我”产生极其不利的影响——随着“我”的技术能力的降低，“我”的价值肯定随之下降，知识更新压力将让学习能力已经停滞的“我”难以应付——对于技术项目工程人员来说，这是不可逃避的现实；第二，“我”的职业价值和技能紧密联系，比如“我”已经比较成熟的销售、市场的技能已经在“我”所属的层次上到了饱和以上的水平，而这些技能发展到今天几乎变成了公关技能，没有新的增长点，技能的市场价值肯定不保。

其次，“我”的职业价值点过于分散，而且“纯度”不高。比如“我”的产品信息优势和“我”的技术更新度是一对矛盾体，比如“我”的客户资源会因为产品的市场变化降低实用性，比如“我”的市场经验的分享周期正在不断缩短。因此看出，“我”的职业优势的市场反映没有期待的那么高。

第三，“我”的案例就是我们通常提到的职业经验“丰”而不“富”的现象的典型。“我”在销售、市场、客服和项目等领域都有涉足，面不可谓不广，但是却没有整合优势形成固定的专业竞争力。比如在销售和市场领域，在营销管理、团队管理、销售管理、市场策略管理等方面缺乏真正具有市场挑战力的水平，在产品方面，对产品只是附属型工作操作，缺乏策略性研究产品规律和相关产品管理能力。这些职业软肋，将直接决定“我”难以拔高到更高的职业平台。

“我”该如何规划自己的前途

赵嵬：要规划更要了解自己。

针对“我”的情况，建议如下：

首先，为未来3至5年建立明确的个人与职业生涯规划。“我”必须清醒而理智地回答自己几个问题：我有梦想吗？我的梦想是什么？我喜欢现在生活的城市吗？我喜欢IT行业吗？我喜欢销售这份职业吗？3至5年后我在这个社会、这个行业、这个城市中处在什么位置？我是个什么样的人？我的特点是什么？如果“我”能清楚地回答出这些问题，那么给自己一个小小的目标，可能是3年内我要存够50万元，可能是5年后做到集团销售总监，然后，给这个目标做个时间进度表，看看自己还欠缺什么，最后，赶快行动吧！

其次，明确自身的优势与劣势。应该说在职业经理人这条职业发展的道路上，“我”的职业背景优势相当明显。每个人的经历都是一笔财富。开拓市场的艰辛、曾取得的良好业绩、稳定的客户资源、先后供职的三家公司均是业内知名企业、个人在行业内的知名度等。这些背景和经历的优势在今后的职业道路上，不论是在企业内部继续发展还是跳槽，都可以有效利用。

第三，尽快与集团人力资源部门联系，了解本企业的人力资源发展计划。大型企业均有自己的晋升体系，也有较完善的职位说明，“我”可以很清楚地了解到晋升或调动到我所感兴趣的岗位所必备的任职资格。这样，“我”可以有针对性地提高自己在企业内发展所需技能与背景。

第四，为可能的创业计划进行必要的物质和心理准备，未来多一条路总是好的。建议可能的创业目标仍选在IT行业，自己已经积累的经验与人脉不应丢掉。大型企业在选择自己的代理商时一般需要资金准入，同时与厂商及客户的良好关系也非常重要。因此，从现在开始，资金的积累、维系业内的人际关系、建立自己良好的形象与口碑都是必不可少的。

第五，再次充电，用学习来充实自己；生活自律。建议“我”选择MBA课程。有过多年市场和销售工作经验的人，在就读MBA课程时的感受会较深，收获也会较大。毕业5年后，重新走入校园时那种身心的平和与充实，也会使自己的精神面貌有一个很大的改观。

相信有了更高的学习背景，加上多年的销售经验和不错的业绩证明，“我”在很多企业老板眼中都会是不错的高层主管人选，“我”的未来不是梦，“我”的明天是美好的！

“我”是大型企业驻地销售代表中的一个典型个案。针对这批离开自己原来生活的环境，为企业的市场开疆辟壤或守土有责的人群，如何让他们的生活与事业共同成长，也是这些企业人力资源部门应该考虑的问题。针对个体，这个人群中也有很多成功的案例，他们或自己创业，或成长为企业中坚，当然也有一些人找不到方向。其实，只要自己设定一个切合自己的目标，对自己的雄心、长处及短处有实际的了解，尽早规划自己的人生与职业发展计划，以既有的成就为基础，将个人、事业与家庭联系起来，计划和实施短程可行的方案，“我们”的成功都是指日可待的！

卞秉彬：跳槽将是决定未来职业命运的关键。

首先“我”还是有非常明显的职业优势的，换句话说，有职业含金量。首先，“我”的信息优势不是轻易能够形成的，“我”在行业变化过程中一直处在最前沿的工作岗位上，在市场信息敏感度方面“我”肯定具有很大优势，这样的专业信息系统不是一两天就能建立的；其次，“我”的产品认知度肯定在平均水平之上，产品性能的优劣点、产品的寿命周期和产品的适用客户群等方面“我”肯定很有竞争力；最后，“我”的客户资源是“我”手中的王牌之一，特别是后期通过稳固的公关工作积累起来的客户资源将是许多公司比较看好的地方。

但“我”遭遇的职业发展瓶颈和危机，是由目前“我”所在公司的性质和管理模式、“我”所处职位的工作性质共同决定的，所以“我”根本没有机会锤炼自己新的职业模块，提升自己的职业核心竞争力。因此，跳槽将是决定未来职业命运的关键。跳槽的职位目标必须满足以下条件：适合“我”的职业倾向性、能够认可“我”的能力和职业价值从而在价格上有一定保障、可以为“我”的职业软肋提供广阔的锻炼机会。要达到这个效果必须进行深入、科学和客观的分析，并制订理性的职业生涯规划方案。这一跳必须跳稳跳准，青春成本才是你生命无法承受之重。

另外，必须善意地提醒“我”，马上改掉目前的生活习惯，增强自己的学习能力，必须勇敢乐观地面对生活的打击。振作起来，“我”还有很大的职业发展空间，还能为社会为自己创造更大的财富。

杨胜军：30岁，要主动把握自己的命运。

一个人在30岁之前，属于职业的探索期，不知道自己将来做什么工作，找工作又不容易，所以，这个期间的工作是盲目的，即使摔跟头也可以理解。我在30岁之前，就曾经做过工厂的技术员、销售员，甚至办公室的行政管理工作，但是，直到我有一天醒悟到要寻找到一个能够适合自己特点的职业——人力资源工作时，我的生活才算步入正规，才有真正的成就感。

这位朋友的职业之路也到了近30岁的人生十字路口，到了必须选择的时候了，如何选择呢？如果说30岁以前是工作在选择自己，被动甚至很无奈，那么，而立之年，就要根据自己的理想和追求去选择工作，主动把握自己的命运。有人可能会说，很多事情是公司安排的，比如外派的驻地代表，如何去把握自己的命运呢？在神州数码，也有很多外派到全国各地的驻地代表，我也曾被外派到上海工作过一段时间，但是，我去的目的很明确，就是培养当地的干部，等他们成长起来后，就撤回来。我们外派的周期一般是1~2年，超过两年，如果还找不到或培养不出来后备干部，就必须向公司做特殊说明。除非你真的喜欢外派的城市，并愿意长时间在那里工作，那就不叫外派了，而变成了本地化。虽然各公司的外派政策不一样，但是，本地化应该是大趋势，希望驻地代表能够了解公司的政策及自己外派的目的，从而做出恰当的选择。

> “我”的职业价值点过于分散，“纯度”不高。
>
> 从“我”的职业发展规律来看，“我”的职业价值已经在急速下滑，远远早于“我”感到困惑的现在。

资料：卞秉彬先生

资深人力资源专家，将职业顾问服务引进中国，荣获香港CHINA STAFF 2001亚太地区人力资源年度大奖，历任ABB、网易、易趣、菱通人力资源总监、行政副总裁。

巨人的阴影：他们的问题是不是你的问题

通过对计划的制订、执行过程的跟踪，与员工的交流，可以发现是否犯了巨人的错误。

从前，在一个一年四季阳光明媚的地方，有一个巨人，他的身体非常强壮，老天也许是公平的，巨人患有夜盲症，只要没有充足的光线、哪怕是阴影的地方就看不到东西，他自己也不知道自己视力不好，因为他认为别人也是这样的。

巨人非常善良，但他也有缺点，他比较固执、好面子，不愿意听别人说自己的缺点，更不愿意承认自己的缺点。他依靠自己的努力，带领着一些农民开垦了很多荒地，建起了一个村庄，让很多善良的人在他的村庄里幸福地生活与耕种，这个村庄越来越兴旺。

后来，巨人年纪大了，不耕种了，改为白天守护村庄。村庄外面的山里住着一个好吃懒做的侏儒，他依靠盗窃村民的财物生活，在很多村庄他都能够得手，但是在巨人的村庄中非常难以得手，因为有巨人的守护。但是他还是在耐心地寻找机会，经过几天细致的观察以后，他发现了当巨人背对着阳光走路时，由于巨人的阴影落在了身体的前方，巨人经常会摔倒，侏儒发现了巨人眼睛不好的秘密。

于是，在阳光明媚的一天早上，村民们都下地干活，在巨人经过侏儒身边时，侏儒迅速地跳到了巨人的阴影底下，藏在阴影下随着巨人一起走进村庄，巨人居然毫无察觉，因为他看不到自己阴影里的东西。偷了东西后，侏儒又随着巨人一起走出了村庄。这样经过几次以后，大家发现村庄里面经常丢失东西，于是纷纷找原因，巨人也想了很多办法，如修起了围墙，增加了巡逻的次数。但是村子里还是经常丢东西。有一天，一个村民在远处看见了巨人阴影里面的侏儒，他大声喊叫提醒巨人，巨人听到后，环顾四周，没有发现什么，于是对村民说，你喊叫什么！这样的事情后来又发生了很多次，大家都不敢和巨人说这样的事情了，因为巨人的固执，因为他是村子的领袖。

后来，越来越多的好吃懒做的家伙都发现了这个窍门，巨人阴影里的侏儒越来越多，有些以前勤劳的人也加入了这个行列。后来很多勤劳的村民陆续离开了村庄。巨人想了很多办法，想留下想要离开的村民，但是勤劳的村民们还是渐渐离开了。后来，没有人在这里生活，村庄里所有的财物都被偷走了。巨人最后在孤独与痛苦中慢慢死去。巨人临死也想不明白，为什么村民总说他旁边有很多侏儒，而自己却什么也看不到，为什么勤劳的村民都离开了他呢？

老板重蹈巨人覆辙

很多人听了这个故事，觉得非常可笑，然而我们每个人又经常犯同样的错误。

在阳光普照下，我们很难留意我们自己的阴影，更看不清楚自己的阴影里是否躲藏着侏儒。在作管理咨询的过程中，我们发现企业的种种问题，我们会根据这些问题提出种种的解决方案。但是追究原因，我们发现问题的根源不在于出什么样的解决方案，而在于公司的最高管理者本身的一些问题。这就和巨人一样，发现了村子里有财物丢失后，想了很多办法，增加巡逻次数、加高围墙，而真正的原因却是巨人自身的夜盲症。很多公司的领导者发现了公司存在种种问题，自己想办法、找顾问来解决。以为通过“增加巡逻、加高围墙”就可以解决问题，但结果往往是徒劳的，或者无法从根本上解决最本质的问题——因为他们没有意识到问题就在他们自己身上。

有一位客户，他是经营治疗性化妆品生意的。有一次他自己认为非常完美的商业计划失败了，笔者和他公司的员工进行了深入的交谈，试图找到这次失败的真正原因。

为什么失败？经理认为下属执行上有问题；

为什么执行上有问题？员工认为没有上级的正确指导；

为什么没有上级指导不正确？员工认为上级只是生硬地按照老板的意思做；

为什么上级生硬地按照老板的意思操作？经理认为老板很固执；

为什么老板很固执？老板认为因为自己过去成功过了很多次；

为什么老板过去会成功很多次？因为当年的市场机会很多；

……

那么，现在是什么样的市场状况呢？

经理认为现在市场变了，和以前是不一样了；

老板为什么没有发现市场变了呢？经理认为因为老板的事业越来越大，老板离开市场越来越远了；

为什么老板周围有很多人，没有人提醒老板呢？经理认为因为老板成功，所以不喜欢听意见与批评，喜欢下属歌功颂德，老板周围敢说话的老兄弟都走了，剩下的都是不喜欢提意见的人了；

为什么剩下的人不说？员工认为大家都很现实，需要工作养家糊口。

我们通过对其计划的制订、执行过程的跟踪，与员工的交流，发现他也犯了巨人的错误。他自身的思维模式，制约了他的发展与壮大。

小心自己的阴影

当然，人都会有缺点，企业的领导者也会有这样那样的缺点。尤其是在成功过后，就会更加相信自己。关键是如何正确地看待自己，以什么样的思维模式进行思考。

其实，解决问题的方法也是比较多的。

1. 经常审视自己的缺点

审视自己的缺点，说起来简单，但是做起来有一定的困难。因为人都是很难看见自己的缺点的，对于企业的领导者来说，尤其是有成功经验的领导者来说，这就更困难了。其实，可以借鉴医疗手术中的无影灯的办法，在无影灯下，并不是没有阴影，只不过是从多角度进行照明，阴影互相抵消了。这就是从几个角度审视自己。

1）从下属处了解自己。

从下属处了解自己，对于很多人来说很难做到，这样可能影响自己的威望，但是从下属了解到自己的缺点是最直接的。因为自己的下属每天都和自己工作在一起。通过设置专门的信箱、BBS、个别交谈都可以实现这样的目的。

2）从第三方那里了解自己的缺点。

从自己的供应商、客户那里了解。这里可以从另外一个视角了解企业，通过了解供应商、客户对企业的看法，从而对自身重新进行审视。

3）从顾问处了解。

因为顾问是一个超然的、独立的角色。从顾问那里可以得到比较客观的评价。笔者在顾问圈里有一位朋友，以专挑企业领导者毛病而著称。当然，这和领导者自身的思维方式有关系，关键看他是否能够闻过则喜。

2. 改进下属人员结构

大家知道，改进下属人员结构也是非常重要的一个方法，很多领导都喜欢听话的下属。但是如果下属都是这一类型的人，那么自己就很可能听不到不同方面的声音，如果真正的危机到来也很难发现或很晚才发现。适当地保留一些有个性的人、爱挑毛病的人、爱问为什么的人对于领导者来说非常重要。

3. 建立新的思维模式，避免思维的惯性

非常多的领导者因为过去的成功，在潜意识中形成了对自己的认可，渐渐地形成了成功人士所特有的思维模式。这里面有几种情况：

1）以否定的眼光看别人，假设别人提出的见解是存在问题的，然后再验证自己的假设，当无法验证自己的假设时，接受别人的意见。

2）以否定的眼光看别人，始终坚持别人的建议有问题。

3）以肯定的眼光看别人，假设别人的建议是有意义的、有价值的，然后验证自己的假设。

4）以肯定的眼光接受别人，假设建议中有可取的地方，然后在思维的过程中找到一些可以采纳的地方。

这四种思维模式，不能说哪种是正确的，哪种是错误的。但是如果经常以否定的眼光看待问题，那么，就很容易陷入一种误区，看不见自己阴影里面的东西。

4. 退居二线

当企业发展到了一定的阶段后，领导者或者企业的创建者发现自己已经不能够很好地管理企业，这时可以从前台退出去。笔者的一位客户经营着一家年销售额一个亿以上的企业。在咨询中，他问我们他自己是否合格，如果不合格是否可以退出去做董事长，我们很委婉地表达了自己的看法。其实他清楚地看到了自己的缺点，觉得自己很难改变。所以后来他真的退到后台去做董事长，聘请一位总经理来主持工作，这也不失为一种非常聪明的做法。

总之，当阳光普照的时候，我们需要格外小心自己的阴影，危机、失败等一系列我们不愿意看见的问题可能就隐藏在我们的阴影中间。我们的领导者、企业家由于个性的因素，在一定的时间段内会获得成功，但环境是瞬息万变的，变化永远是永恒。只有不断地审视自我才能获得成功，否则，就会制约今后的发展。

做一条回游的鱼

职业规划总是要踏踏实实地实现，从来没有一步登天的道理。

“你到底想做什么？”这是宋杰每次在为客户做职业规划时都要追问的一个问题，宋杰是某猎头公司的高级顾问。

然而很多人都没有认真考虑过答案，说不定他会突然下意识地惊出一身冷汗。“每个人在职业起点上都是一张白纸，如果你知道自己想要画什么，那么最终得到的将是你想要的或者接近于你想要的。而如果你脑子里并没有浮现出什么图景，那最后得到的只会是一张涂鸦之作。”宋杰说，“这就是给自己做职业规划与不做职业规划最大的区别。”

四个维度来考问自己

对于职业规划，宋杰有这样一个观点：做要比不做好，早做要比晚做好，但又不能太早。只有具有了一定的工作积累，才能有效地为自己规划蓝图。因为一个人只吃过苹果，而没有尝过橘子和梨子的味道，他就不知道自己会更喜欢哪一种。他说：“从学校毕业后的3至5年内，一般并不适合给自己做职业规划。”

在自己职业生涯的白纸上，一旦要开始下笔，就需要从四个维度来考问自己。

第一个是价值取向问题，这是做任何职业规划的前提条件。如果一个人在价值观上无法接受某个职业，那这份职业对于这个人来说无疑是一种折磨，不管它有多么迷人的前景，因为痛苦每天都在啃噬着他的心灵。

三国时的关羽身在曹营心在汉，最终赴义而去。故事虽然已经久远，但现实中的版本却极其相似。太多的人因为干着自己并不喜欢的工作而意志消沉，所以做职业规划，首先要在价值观上予以认同，否则一切努力都是白费心机。

接下来需要考虑的是兴趣爱好，把爱好当成职业，应该是最能发挥一个人的潜力的。每个人都有自己的兴趣爱好，就看你能不能利用好上天赐予你的这些礼物。

以上两点是人们在做职业规划时都无法回避的问题。在回答这两个问题时，答案是就是，不是就不是，很少有折中的选择。

还有两个问题倒是可以弥补。一个是关于知识技能的问题，你有多少经验积累？你具有哪些方面的能力与才华？掂清楚自己的分量，这是你开始实现自己目标的起点，也是可以依赖的资本。而在整个职业规划的过程中，你又会不断弥补自己能力不足的地方。

另一个问题是性格特点。不管你的血型是胆汁质还是黏液质，也不管你的性格是内向的或是外向的，总有一些职业适合你。首先你会有意识地选择适合自己性格的职业，但因为环境的影响，你多少也会改变一些原有的性格，变得让自己更加适合自己的职业。

基于以上四个维度，在经过客观冷静的分析后，得到的答案就是你应该为之奋斗一生的目标。

你认为你是谁，你就会是谁

宋杰说："只要是在这四个维度之上，你认为你是谁，你就会是谁。"

有调查说，大多数成功人士小时候都会做白日梦，而且他们儿时的梦想都已经变成了现实。但事实上在这个世界里，没有实现梦想的孩子还是居多数。关键的差别就在于，梦想是否建立在理性规范的基础上，而且你是否有足够的勇气和毅力一步步靠近自己的梦想。

猫站在镜子面前，不管多努力想象自己是一头威猛的狮子，镜子里面显示的只能是一只猫，因为有些天生的缺陷是无法弥补的。但如果你是一头瘦小的狮子，努力想成为一头威猛的狮子，那是完全能够实现的。对于自己定下的目标要敢于一步一步去实现。朱兆瑞在做好职业规划后，就已经成功地跨出了第一步。

32岁的朱兆瑞从英国MBA学成归来，却发现国内已经是“土鳖”当道，“海龟”们的日子已经大不如前。接下来是自己开始创业，还是找一份称心的工作替人打工？他有点举棋难定。

与朋友的一次聊天让他豁然开朗，他一下子找到了真正属于自己的位置。首先，在他的价值取向里是倾向于自己创业的，骨子里充满自我奋斗的气息。还在英国读MBA的时候，他就曾花极少的费用周游过世界。在性格特点上，他是那种特别喜欢展示自我的人，性格非常外向。

他决定开创旅游方面的事业，第一步是通过各种途径销售自己，因为他需要知名度，以便找到合作资金，并建立好人脉关系。于是他把自己周游世界的经历写成了一本书——《3000美金，我周游了世界》，通过各种媒体的炒作，这本游记一下成为畅销书。朱兆瑞接受各种采访，并受邀开设讲座。很快就有不少商家主动与他联系，商谈合作事宜。

“职业规划总是要踏踏实实地实现，从来没有一步登天的道理。”宋杰说，“朱兆瑞就跨出了坚定漂亮的一步。”

职业规划不意味着一成不变

做职业规划虽然越早越好，但从另一个角度讲，任何时候给自己做职业规划都不算晚，因为它就像是一种战略思想，能够指导你今后的职业发展。

既然是战略，一旦确定之后，在大方向上就不可以轻易改变，否则定下的目标永远是空中楼阁不会实现，而且先前的努力也都将付之东流。所以做完职业规划后，并不意味着万事俱备，能否成功的关键还在于持之以恒。世界上唯一不变的就是变化，任何职业规划在面临多变的社会环境时都不可能一成不变。在坚持战略的同时，灵活机动善于变化的战术也必不可少。职业规划应该是一种动态的职业规划，在多变的环境中不断去修改与弥补细节。

不管你在职业规划中希望自己成为什么样的人，在这个目标上肯定有一些可以作为参照的人存在。可以不断将自己与他们进行比较，对自己做职业评估，找到自己的职业差距。在你的内心深处会充满了问题：你当前有哪些技能和经验？你必须要学哪些知识和非常出色的经验？你有哪些实践知识？你现在的技能和经验与你的目标相关性如何？哪些方面需要改进？你还会问：现在的职业状况是什么？正处于职业的哪个阶段？工作或专业的当前形势怎么样？当前的工作符合自己的理想状况吗？

只要知道了自己的职业目标，就会很容易找到职业差距，接下来要做的就是一步一步按计划去弥补这些差距。职业规划的实质就是知道你想要什么，并确定如何去实现。如果职业规划没有落到实处，那也只是一些花哨的虚幻之词。

AMT的周祖军在《职业规划：态度决定一切》一文中指出："如果你以一种毫无计划、无所谓的态度，只在心里希望最好而无实际行动，那么即使有了职业规划你也不会成功。想天上掉馅饼的人永远也等不到馅饼。要用你的真诚和智慧去实施职业规划。"

宋杰说："做一条回游的鱼，明确知道自己的目的地，不管在支流迷踪的江河，还是在暗流湍急的大海，在面对不同的环境时，调整好自己在水底的身影并坚持到底。"

如果你以一种毫无计划、无所谓的态度，只在心里希望最好而无实际行动，那么即使有了职业规划你也不会成功。

做一条回游的鱼，明确知道自己的目的地，不管在支流迷踪的江河，还是在暗流湍急的大海，在面对不同的环境时，调整好自己在水底的身影并坚持到底。

职业生涯的黄金阶段

在企业的发展到了一定时机，职业周期也发生凝滞的时候，一定要审时度势，提高保护自己职业生命的能力，保持并提高职场上的竞争力。

职业经理人在中国

在中国职业经理人的巅峰时刻的个案：

■ 吴士宏：在微软能“逆风飞扬”，展现特殊的管理风采，在TCL却出师不利，和企业文化无法融合；职业周期仅有二年左右；

■ 李汉生：在惠普业绩卓著，进入北大方正后却遭遇了变法失败，职业周期二年半左右；

■ 陆强华：曾是创维的销售奇兵，在高路华却因利益冲突而败下阵来，职业周期也只有二年左右。他们都是昙花一现的职业经理人。

由此，我们认为：当职业经理人未能真正融入企业且不能有效发挥个人价值而离开该企业的职业周期，我们称之为非正常职业周期，其周期通常大约为2年左右。

就目前来说，很多职业经理人还没有找到自己发挥的阵地，都是打一枪换一个地方的“游牧一族”，还没有形成良性循环的职业周期。而从提供职业经理人的人力资源市场来说，由于市场的不成熟，所以无论是职业经理人的培养还是使用都是“一锅夹生饭”，昙花一现的职业经理人的出现也就不足为奇。

所以是做生根发芽的职业经理人还是做昙花一现的职业经理人，关键是职业经理人如何经营“职业周期”。

职业经理人的特征

职业经理人的概念：是指以企业经营管理为职业，深谙经营管理之道，熟练运用企业内外各项资源，为实现企业经营目标，担任一定管理职务的受薪人员。

职业经理人分为一般职业经理人和高级职业经理人。特征如下：

■ 良好的职业操守，能达到职业道德和专业规范的要求；

■ 成熟的职业心态，能较好地把工作热情和务实作风结合；

■ 明确的专业分工，能够拥有专业优势；

■ 受薪阶层，通过自己的管理经验与技能参与社会交换，获得报酬；

■ 可变动性或可替代性，即能够进入人力资源市场并合理流动；

■ 良好的职业能力，能够把经受的教育培训和职业经验恰如其分地发挥在职业过程中。

施恩的职业生涯阶段理论

1. 成长、幻想、探索阶段。一般0~21岁处于这一职业发展阶段。

2. 查看工作世界。16~25岁的人步入该阶段。

3. 基础培训。处于该阶段的年龄段为16~25岁。

4. 早期职业的正式成员资格。此阶段的年龄为17~30岁，取得组织新的正式成员资格。

5. 职业中期。处于职业中期的正式成员，年龄一般在25岁以上。

6. 职业中期危险阶段。处于这一阶段的是35~45岁者。

7. 职业后期。从40岁以后直到退休，可说是处于职业后期阶段。

8. 衰退和离职阶段。一般在40岁之后到退休期间，不同的人在不同的年龄会衰退或离职。

9. 离开组织或职业，退休。

以上9条中，5~7条是一个职业经理人职业生涯的黄金阶段。

职业经理人的职业周期

进入企业是职业周期的开始

整个职业生涯是由多个职业周期构成的。职业周期是指从进入某企业工作到离开该企业的整个工作历程，职业周期可以是一个，也可以是多个。职业周期质量是决定职业生涯发展的重要因素。一个人在整个职业生涯周期中比较合理的职业周期为10个，正常职业周期大约为4年左右。

职业周期由进入企业开始，也就是从跳槽开始，而跳槽是把双刃剑，是职业经理人职业生涯中的重要抉择，所以必须慎之又慎，因为跳槽的决定一旦做出，就会改变整个职业环境，很多游戏规则都要改变，老板、下属都是新的课题，所以会有人说“成也跳槽，败也跳槽”。

职业经理人进入企业的原因多种多样，如职位发展的需要、薪酬改善的需要、空间的提升、老板的信任等，当然所有的问题都归结为良性发展的需要。进入企业还仅是第一步，接下来如何融入企业才是关键的一步。

融入企业是职业周期的起步

融入企业的过程好像婚姻一样，有新婚蜜月期（大约3个月）、磨合期（1年之痒）。在这一年的磨合当中，必然要付出一定的代价，如果顶不住新环境、新职位的压力冲击而黯然离开则会花费时间成本，如果能适应企业文化并实现软着陆就打造了自己的立身之道。还有最主要的是和老板及管理层之间在价值观等方面的冲突也不可忽视，这些都会成为尽快融入企业的阻力。

但是如果能最后真正融入企业，并最终取得认同，这样在工作开展中自然会减少阻力。第三步就是职业周期的发展，也就是改变企业，这是职业周期的重头。

改变企业是职业周期的发展

如果没有这一点，就体现不出职业经理人的存在价值。

职业经理人如果未能体现出其专业能力，不能帮助“老板”改变企业现状，最终会让老板失去信心。

职业经理人就是为改变企业而来，解决问题而来。企业请他来，一定存在问题，否则不会凭空找一个拿高薪的人。因此，他一定带着解决问题的办法而来。如果职业经理人在招聘时问老板，你的企业发生了什么问题？我能给你带来什么？为你解决什么？这样的问题会令老板对你刮目相看。

而改变企业的关键是企业“老板”的支持和企业“老臣”的认同，因为职业经理人不可能凭一己之力改变整个企业，因为“老板”和“老臣”毕竟比你更了解企业，他们是你最好的老师和助手。

从对职业经理人的定位来看，改变企业是职业经理人的天职，但在实际工作中，要注意改变的时机和改变的方式，在改变有了成果之后，还要注意变革成果的巩固。

离开企业是职业周期的结束

离开企业是一个职业周期的结束也是另外一个职业周期的开始（排除退休的因素），因为人力资源市场的发展，使得职业经理人不太可能在一家企业里终老，而离开企业有时是职业经理人获得更好发展空间的一个手段。夏纲比喻说，职业经理人和企业之间犹如恋人，在进入企业时相见恨晚，而分手时又黯然神伤，但终归要有一个结果。

经营你的职业周期

经营职业经理人的职业周期要明确如何有效把握跳槽机会，弄清楚为什么要跳槽？这个时机可不可以跳？怎么样跳才能体现价值？要珍惜每一次的职业机会，在进入企业后按照职业周期的三个发展步骤，站稳脚跟、融入企业，然后改变企业。只有这样，职业经理人的职业生涯才能慢慢丰满起来。

在企业的发展到了一定时机，职业周期也发生凝滞的时候，一定要审时度势，提高保护自己职业生命的能力，保持并提高职场上的竞争力。

最后，夏纲对于职业经理人的职业发展提出了自己的忠告：

忘我才能有我，无私才能无畏。

现场问答精选

问题：我们为企业引进高管—职业经理人，如何处理经营者持股的问题？

回答：根据一些相关统计，有90%以上的持股是不成功的例子。因为职业经理人希望更快的回报，而非长期回报。持股的周期比较长，在进企业的时候因为有持股一说感觉心里比较踏实——成为股东，但实际当中回报周期很长，感觉有差距。我们公司原先有给职业经理人持股的打算，最后讨论下来改成了年金。这个年金3~5年就有相对固定的回报，比较容易体现。

问题：我们公司给职业经理人每年5%的分红权，但没有相应的表决权，这个分红权和你所说的年金有什么关系？

回答：年金是类似保险公司的做法，类似于补充公积金。我们是实行年薪制，是到年底拿出20%，公司配对20%放到保险公司，比如说3年之后要买房或者买车等，就可以把这份提现。但如果3年之内个人违规或离开公司，个人部分可以提走，但企业部分则不能拿走。还跟绩效挂钩，如果完成目标或达到标准，公司把配对20%中的一半划归个人账户，另一半不转。如果全部达到企业制定的某个指标，企业就全部转给个人。个人和公司分两份单列，操作起来比较清楚。即使公司发生经营上的状况，个人前面得到的收益不会受到影响（除非保险公司倒闭）。股权则会受到公司经营状况的影响。

个人职业计划十步走

“职业计划”始于“人生计划”，它是一个系统化的过程，包括确定目标、设定发展方向、以实际行动向前推进，并对取得的成果进行评估。

许多人都在质疑生命的意义，他们不知道他们为什么活着，也不知道将来会是什么样。他们不知道自己拥有什么，更不明确他们希望从生活中得到什么。这种疑惑给终身规划（Life Planning）带来了困难。终身规划指的是一个人如何决定人生方向的过程。

职业发展日益引人关注

当今社会正处于一个有趣的时代。社会和商业环境的变革使得生活不再平静：婚姻破裂，家庭成员彼此失去联络，子女离开家乡远走高飞寻找他们自己的机会。新世纪第一个十年的家庭生活是非常复杂的。

商业环境同样如此。公司及个人的破产率依然很高；美国2003年的平均员工流动率为14%，随着商业活动的增加还有增加的趋势；上百万的工作迁移到美国以外的其他国家。由于环境更加复杂，职业变得更加难以规划。这意味着个人必须具有充分的灵活性。人的一生平均要有5次大的变化，不仅仅是职业和工作，还包括家庭生活。

"职业"一词有多种含义。可以指你接受教育或培训的专业，你工作的类别，你的专业，或者严肃点说，你的使命。"职业发展"是使个人的职业目标、兴趣爱好与组织的需求、战略发展方向相契合的系统化过程。提起"职业发展"，大部分人认为"职业发展"仅仅是指某个人对自己的职业做个计划等类似情形。但这种看法并不十分正确。许多企业正在按计划建立职业发展规划，以此来减少人才流失，帮助员工了解他们将如何从公司提供的培训中获益，并以此鼓励员工们更加积极地规划自己的未来。

因此，我们谈到的"职业发展"有两层含义，一是指员工个人的"职业计划"：职业计划是一个形成自己职业方向的过程；二是指"职业管理"，职业管理是一个组织通过形成职业路径，提供培训或者培训及其他相关经验对职业发展进行帮助和管理。

近些年来，许多组织都开始为员工建立职业发展项目，当然并非企业一直如此在做。20世纪80年代，当第一次裁员浪潮席卷美国的时候，许多一流的职业发展项目都被取消了。原因很简单，这些公司不希望员工有职业的发展。但是时代变化了，职业管理，或者叫职业规划和发展确信无疑地又回来了。

尽管职业发展热潮的回归可能有很多原因，但是最重要的原因是：职业发展项目实际上是一个留人战略，一种使员工对未来充满希望，鼓励他们根据组织发展和劳动力市场需求不断提升个人素质，从而降低员工流失率的有效策略。长久地待在一个公司并不意味着就一定能获得成功。今天的员工如果不想失去工作并为未来新的工作做好准备，就必须不断学习，不断储备自己的能力。今天许多一流的公司都是将职业发展项目作为一种留住优秀员工、提高工作积极性、鼓励员工根据企业发展需要不断提高自己的重要手段。

个人"职业计划"十步走

职业是你自己的职业，因此你对于自己的职业发展应该承担最主要的责任。因此，每个人都应该有自己的职业发展计划（Career planning）。"职业计划（Career planning）"是员工自己所做的；"职业计划"始于"人生计划"，它是一个系统化的过程，包括确定目标、设定发展方向、以实际行动向前推进，并对取得的成果进行评估。

每个人都需要制定职业计划，以便能够：

▲ 明晰自己的职业目标；

▲ 合理有效地付出努力，为将来做好准备；

▲ 确信自己对所寻找的工作有优势；

▲ 不让自己成为不喜欢的工作的牺牲品，不再依赖他人，不要因为不喜欢某项工作而抱怨自己的老板、配偶、父母和其他人；

▲ 在市场环境迅速变化的情况下保持良好的适应性；

▲ 学会如何对自己负责等等。

个人在制定职业计划时应该怎么做？以下是每个人都应该牢记在心的十个关键步骤：

第一步：了解自己：明确你喜欢什么，不喜欢什么，想要追求什么。

第二步：收集信息：了解有哪些符合你的喜好的可能的职业。

第三步：明确你已了解的信息，建立清晰的职业目标和里程碑：了解自己的长处在哪里。自己的背景、教育、经验、培训以及其他的性格方面的特点，并合理配置他们。

第四步：寻求个人发展、培训和教育的机会：工作中的任务会帮助你积累经验，在工作中学到的东西会帮助你更好地发展自己，并为未来作准备。

第五步：与其他人建立关系："你认识的人"而不是"你知道的东西"决定了你是否成功。找到和你有共同兴趣的人，让他们知道你想做什么，为什么要这样做，以及你已经具备了哪些条件。

第六步：获取经验：创造机会，根据目前和将来工作的要求努力提高自己的素质。

第七步：找到辅导者（Mentor）或资助人（Sponsor）来帮助你：进一步拓展你的交际关系，找到那些在这条职业发展道路上已经非常成功的人，请他们为你的发展提出建议，然后按照这些建议去做。

第八步：决定如何实现你的职业目标：清晰你的职业发展的步骤。

第九步：为了提高你的素质，不要担心更换工作：不要指望别人会自动为你敞开大门。如果你目前的老板不能使你进步，首先你要告诉老板你的职业发展目标是什么，你需要如何培养自己。但如果你的老板不能提供帮助，那你就要寻找能帮你的老板了。

第十步：保持灵活性：时间和运气都是职业计划中重要的部分。这一点要牢记在心。当机会来临的时候，要勇敢地抓住。

组织进行“职业管理”六大步骤

每个组织在职业发展与管理中也承担着重要的职责。至少，一个组织应该制定计划，明确企业未来需要什么样的人才以及如何得到这些人才，不同的工作和级别需要哪些素质，然后提供培训、教育等有效的途径来为公司培育人才，使合适的人有相应的技能，在恰当的时机，做正确的事。组织帮助个人实现职业目标，同时也满足公司的发展要求。想要留住一流的员工就必须这样做。

管理者应当认识到一个组织的职业发展管理是不可能自然而然就发生的。认定人才自己可以成功地规划自己的职业生涯也是不明智的，职业是必须被管理的。

企业或组织应如何开展职业发展规划？一个好的职业发展的范例是这样的：

- 在明确的职业发展过程中，每个人都应拥有充分的自主权并承担自己的责任，在制定计划时确保其连续性、可执行性以及不断进行自我完善；
- 制订领导原则，提供良好的发展环境，使之与企业文化相契合，以此帮助领导者获得更好的发展；
- 找到有效的途径以挑选出那些拥有优秀潜能的人，将其倾力培养成未来的领导者；
- 对在职业发展及制订连续性计划的过程中取得的成效进行评估，以确保个人和企业的发展目标相一致；

• 告诉员工公司内部的职业规划是什么、有哪些发展机会，使员工明确自己在公司的发展可以有哪些选择。

为建立公司内部的职业规划与发展系统，组织的领导者们应按如下几个重要步骤进行思考：

第一步：明确组织的职业发展理念。组织通过职业发展管理想要达到什么目标？在做这些努力的时候有哪些理念作为指导？

第二步：达成共识，明确目标。明确要从职业发展项目中得到哪些量化的结果。

第三步：设计项目。列出能帮助员工满足工作职责要求的项目。同时也要规划组织未来有哪些人才需求，使员工认识到如果要在组织中获得成功需要哪些能力。

第四步：为项目提供支持。不要期望每个人都会非常欢迎职业规划管理项目。要制定一个计划，就项目内容进行沟通，分享成功的喜悦，使管理者和员工都明确如何在这个项目中获益。

第五步：实施项目。关注项目如何实施，贯彻到底是关键。

第六步：评估项目效果。定期从财务和非财务方面进行总结组织和员工在项目中有哪些收获，然后把这些信息分享给企业中的领导人和员工。

职业发展正在变得日益重要。不论是个人还是组织，以及它的领导者，都对生命和职业规划负有不可推卸的责任。组织应该提供职业发展项目的一个最主要原因就是留住最佳的（或者最具潜力）的员工，从而满足企业未来发展的需要。

今天许多一流的公司都是将职业发展项目作为一种留住优秀员工、提高工作积极性、鼓励员工根据企业发展需要不断提高自己的重要手段。

职业发展正在变得日益重要。不论是个人还是组织，以及它的领导者，都对生命和职业计划负有不可推卸的责任。

30以后，转行成本有多高

30以后转换职业跑道，如果发现这又不是你想要的，该怎么办？

今年35岁的刘煜维在人大新闻系毕业后，赶上了媒体的黄金就业热潮。可是在5年后他发现自己升迁机会为零，还面临职场的严酷竞争，于是改行在广告公司担任文案、公关公司担任公关，甚至还自己开公司卖过减肥茶，平均每年换一个工作，

但是他发现自己的生涯始终无法向上攀升。32岁那年，他利用业余时间重返校园，学习心理咨询，希望能培养一个可供发挥的第二专长。但是面对心理咨询目前看似有前途实则迷雾茫茫的前景，心里难免忧虑。今年他就要满36岁了，相较于职场上已经有些成就的大学同学，他扪心自问，这条转行的路真的对了吗？如果不是，已奔不惑之年的自己岂不是一事无成？看着与自己同龄却入心理咨询行当多年俨然是前辈的“老师”，心里不免有一丝隐忧：这么大了，如果发现这又不是我要的，该怎么办？

而立之年转行的理由

这是一个自我追寻的时代，转行的理由也与上个时代迥然不同。工作不仅是赚钱求温饱的工具，更隐含了自我实现的意义。据51job.com（无忧工作网）去年的一份工作满意度调查显示，有60%以上的白领一族不满意目前的工作，其中有一半以上渴望转业，主要原因是“人际关系复杂”或是“没有发展前途”，最大的困难是“不知道转行做什么”与“应该怎样转”可以减少成本。

这样的现象其实一点也不意外。就业难，持续读研、读博使得大学生进入职场的年龄后延，加上高学历的竞争需求，很多人26岁左右才真正进入社会。加上几年的职场摸索期，平均两到三年转换两到三个工作之后，才能逐渐掌握人生的方向。因此以前说三十而立，以现在的标准来看，30岁，才是生涯刚要起步的时候，30之前都是在摸索与尝试而已。但现实是，30多岁的人，个个都张大眼睛观望：哪一个行业薪水高？哪一种职务升迁快？三十而立，“应该”有点地位和成绩了。同学聚会的时候，看到那个过去成绩不如自己的同学，已经出国培训数次、又要面临升迁了，而自己还没有摸索出人生的方向，心情就格外沉重。

“从零开始”是最难迈开的一步

美国哈佛大学的一项研究表明，转业的幅度越大，转换的学习期会拉得越长，时间成本越高，所需要的心理准备与经济准备也要越充足。大幅度转业的人，因为要进入过去不熟悉的领域，通常要经历一段重新学习和过渡适应期，一旦决定失误，就可能会丧失原有的职位、收入，甚至往常的家庭地位。这是每一个决心要转行的人必须面临的“职场黑暗期”。以前在朗讯从事技术工作的韩利在他36岁时被裁员，他决定重新出发——转行！他属于被迫转行，进入一家网络公司从事融资方面的工作。转行之前，有半年时间他待业在家，也找不到合适的工作和职位，在网络公司给他发出offer之前，那是他人生中最低谷的日子。“如果转行没有成功，我可能就无颜面对家人了！”他说。

而30岁左右的人，学历越高，进入职场越久，拥有了一些不大不小的成就，就越容易被社会期待与旁人眼光的羁绊而裹足不前，处在转业的青黄地带，前途茫茫、恐惧的内心感受不是外人能够体会的。“原本比你差很多的同学、朋友一个接一个都有了成就，我却还不知道自己的出路在哪？”韩利一语道出转行过程中最大的恐惧——害怕被人嘲笑，焦虑一事无成。

重新开始的确需要勇气，而30岁比其他人幸运的，就是重新开始并不嫌晚。转业成功的韩利就很乐观地认为，30岁是把握勇气的最后时机！“想想看，等我有了孩子后，生活的负担和转换的风险与投资都相对升高，到时候就算想换行，也会因为经济与现实条件而放弃。”

下一份工作藏在现有职业里

到底如何避免“从零开始”这一步，把上述转行的成本与风险降到最低?

答案是——提早开始工作。其实说穿了，你自己的所有兴趣都与过去的经历有关。了解自己很重要，上大学时就该多通过打工、实习的机会，及早发现自己的兴趣，作为选择工作的依据，这可以减少将来因为发现兴趣，再做转换所产生的损失与风险。

而对于已经毕业数年，仍然在寻找自己方向的职场人士，专家的建议是可以“从现有的工作派生新的技能”。台湾104人力银行专家丘文仁举自己职场数度转业的经验为例：一开始的时候，在麦肯广告担任执行创意总监的秘书，发现不是自己长久想从事的工作，却还不知道下一步在哪里，但是她发现行销很有趣，因此把重点放在跨部门的学习上。两年的时间内，她凭借秘书的翻译需要，大量向行销部门请教，观察参与公司大小事务，无形中累积了很多行销技能，也埋下了日后在镇金店担任行销专员的种子。广告公司的全方位经验，也成为她在104担任行销总监的基础。“一般人都有一个错误的观念，以为兴趣都是从天上掉下来的，其实下一份工作，可能就藏在现在的工作里。”这种平滑的重心移转过程，也减低了大换轨所带来的巨大损失。读过GE前总裁杰克·韦尔奇的畅销书《赢》的人可能还都记得他对“骑驴找马”者的建议：我们几乎不可能知道哪件工作会把你带到哪里。所以，如果你要找到合适的工作，你就必须先接受第一份工作，了解你喜欢和不喜欢的地方、拿手及不拿手的部分，然后骑驴找马，直到寻找到合意的工作为止。

很多成功人士看来都是有意无意之中运用了韦尔奇格言，回顾他们30岁的转职经验，多是运用既有专业的优势，发展更多横向的可能性，作为跨领域的延伸。比如当红的节目主持人王小丫，7年前是个不起眼的农业节目的主持人，在她人生而立的时候，把握了妙语如珠的演讲与主持专长，凭借《开心词典》节目一跃成为家喻户晓的娱乐节目主持人，进而跃升经济栏目主持人。同样以本业专长涉足荧屏的，还有名主持人敬一丹。她原本在学校任教，在教师的舞台一直有突出的表现，却在而立的生涯关头抓住时机，把握专长优势，另创人生的高峰。

通过参与社会活动发现自己

也许，看了以上的文字，你依然在“换与不换”之间徘徊，那么多兼一份或几份工作是一个折中的选择。毕竟，通过转换工作来达到挖掘兴趣、改变职场方向的目的，风险未免太高。多兼职可以做到进可攻退可守，因为谁也不知道哪一天转行的时机成熟，哪一份工作会成为你的努力方向。当然，如果你已经心有所属，大胆行动就是解决之道。

另外，上课进修，参与社会活动，也是而立之龄的人自我发现的渠道。38岁的叶霞目前在一家婴儿保健品公司做销售经理，在客户和员工面前侃侃而谈的她，原本正业是一家国营电厂的职工，当初只是利用闲暇时间推销产品以挣点零用钱，没想到却越推销越有感觉，公司希望她能够专职来搞销售，并为新员工做培训。后来，电厂停业，她下岗了，就干脆把重心完全转移到推销婴儿保健品上，目前一个月5000元以上的收入，超过原来工资数倍。“信心和热情是会被激发的，我从来没有想过会以销售为业，很多事你不试不会知道原来你是有兴趣的，关键时刻也可以成为你的职业选择。”

重新开始的确需要勇气，而30岁比其他人幸运的就是，重新开始并不嫌晚。

穷人最缺的是野心

随便问一问，就会发现很多在职场上混得不如意的人在野心问题上表现得相当古怪。他们大都否认自己有野心，甚至对这一字眼充满贬意。

最近在一次朋友聚会上，一位老兄在酒精的作用下，一改往日的儒雅，用恶俗的语言抱怨那个曾经对他有知遇之恩的上司轮调前竟然提拔了这位仁兄的下属。而他一直认为，那个位置无论如何也该轮到自己了！

席间自然免不了同情、劝解、开导甚至支招，最后，被劝解的人自己做了个总结："我这个人不计较得失，没什么野心，也认命，今天把心里的不痛快和朋友们说说，明天该怎么做还会照样做，生活总是要继续。"于是大家唏嘘感叹着散了场。

可是当天晚上，我却为此人的那番结束语失眠了。这位仁兄对自己的评价很到位——他的确没有野心，而且他总是认命！这让我想起几年前曾经读过的一篇有关野心的故事。

巴拉昂是法国一位媒体大亨，因病临终前留下遗嘱，把遗产中的100万法郎作为奖金，奖给揭开贫穷之谜的人。

他在遗嘱中说："我曾是一个穷人，去世时却是以一个富人的身份走进天堂的。在跨入天堂的门槛之前，我不想把我成为富人的秘诀带走，现在秘诀就锁在法兰西中央银行的保险箱内。谁若能猜中我的秘诀，回答出穷人最缺少的是什么，他将能得到我的祝贺。当然，那时我已无法从墓穴中伸出双手为他祝贺，但是他可以荣幸地获得100万法郎的奖励。"当这份遗嘱在报纸上刊登后，雪花般的信件飞到了报社，有4万多人寄来了自己的答案。

人们是怎样回答的呢？绝大多数人认为，穷人最缺少的是金钱，有了钱就不用受穷了。还有些人认为，穷人最缺少的是机会，他们穷是因为没有遇到好机会。另一些人认为，穷人最缺少的是技能，或者帮助和关爱，或者漂亮的外套……

在巴拉昂逝世周年纪念日，那只保险箱在公证部门的监督下被打开了。在4万多封来信中，只有一个叫蒂勒的小姑娘猜对了巴拉昂的秘诀，那就是：穷人最缺少的是野心——成为富人的野心。这位9岁的女孩在接受100万法郎的颁奖时说："每次，我姐姐把她的男朋友带回家时，总是警告我说不要有野心！不要有野心！于是我想，也许野心可以让人得到自己想得到的东西。”

没错！穷人对富有的野心恰恰是他摆脱贫穷的心理基石。野心是一种渴望满足的心愿，是人们前行的动力。如果一个人连崇尚富有的野心都没有，那他注定要过一辈子贫穷的生活。其实在现实生活中，缺少野心的何止是穷人，一切碌碌无为、怨天尤人的人，缺少的不也正是野心吗？没有野心，就不会有奋斗的动力，没有动力就不会有所作为，不作为又怎么可能摆脱不满意的现状呢？

我那位酒后吐真言的老兄在“老地方徘徊”已经6年之久，每日按部就班、勤勤恳恳地工作，用他自己的话来说：“常怀满足和感谢之心过着小富即安的生活。”他自己的下属变成了自己的上级也只是喝喝酒、发发牢骚，随即也就以“不计得失、没有野心”来安慰自己。以他的性格，我有理由相信他以后都会对自己的不上不下的状况安之若素的，恐怕这也正是他的悲哀之处。

其实，“偶有抱怨但又没有野心”这个现象相当普遍，随便问一问，就会发现很多在职场上混得不如意的人在野心问题上表现得相当古怪。他们大都否认自己有野心，甚至对这一字眼充满贬意。

我在和一些朋友的交流过程中，有很多事业上看起来一帆风顺的人说自己根本就没有野心，甚至很多从事高层管理工作的男性也这样说。他们即便承认自己有野心，也都给野心打折扣，且说法五花八门。他们有的说自己的野心不过是“过上平常人的生活”，或是有朝一日在乡间有所房子！有人则说自己过去（读书期间）有野心，但现在不再有了。很多人还主动解释，说自己虽有野心但不看重名誉地位，也不会因为野心而显得过于贪婪。而我听了之后的感觉是：他们总要装成一切成就都得来全不费功夫，或不经意间偶然得到的，相形之下，野心则显得既不可告人、又费心劳神，再说可能还有残酷无情之嫌。说实话，这种姿态显得既无奈又愚蠢。

当然，任何事情都有例外。我们公司的一位销售经理，女性，我问到她的时候，她回答说："我当然有野心了。没有野心怎么可能坐在现在这位置子上！"另一位男经理也在我的一再追问之下被迫说出自己"有野心"，但并不排除他当时太忙，怕我用这个问题纠缠他，所以"按照我的意愿"给了答案来打发我。

不过，倒是有位野心勃勃的男记者提出了一个有趣的观点，他说野心这东西正如人体内的胆固醇，有好也有坏。他还说他自己的野心碰巧属于那种"好"的野心。就他熟悉的范围而言，有些人与现状相守多年，并不是没有往上爬的"野心"，也不是没有往上爬的资源和机遇，而是"有所不为"！因为在他们看来，地位和金钱并不值得卑躬屈膝、不择手段云云……

为了搞清楚"有野心"到底好还是不好这一问题，我查阅了很多资料，最终，在康奈尔大学精神病学家安娜·菲丝《是否缺乏野心》这篇文章中，我找到了答案，或者说，她改变了我对野心的看法。

安娜·菲丝在书中写道：野心包括两方面的内容：一是渴望掌握技能，一是渴望因具有技能而得到认可。人们常见的问题，是他们掌握了必要的技能，却得不到相应的认可。很多人不愿意承认自己因种种原因得不到认可，他们会给别人传达这样一种信息——我认可我现在的状态。另外，得过且过的工作和生活状态也会消磨野心。因此，人们逐渐变得不习惯“有野心”这种观念。

在遇到那位酒后吐真言的仁兄之前，我一直是“偶有抱怨但又没有野心”这一群体的一员。但是，看到人们佯装潇洒达观，我越来越觉得这种姿态纯属自欺欺人。所以，从今往后，要是有人问我有没有野心，我会直接了当地说我有，我的确有成就一番事业的野心，也希望得到别人的认可。就这么简单！

当然，在现实中，不是所有人的“野心”都能实现，也不是一个人所有的“野心”都能实现；但是，有了“野心”，就有了奋斗的动力，就有成功的可能。正如某位美国作家所说：当一个人有了想飞的梦想，哪怕他爬着，也再没有不站起来的理由了！

> 我这个人不计较得失，没什么野心，也认命，今天把心里的不痛快和朋友们说说，明天该怎么做还会照样做，生活总是要继续。
>
> 每次，我姐姐把她的男朋友带回家时，总是警告我说不要有野心！不要有野心！于是我想，也许野心可以让人得到自己想得到的东西。

工作丰富化：一招击败“激情缺乏症”

通过横向拓宽和纵向深入两个方面来扩大工作职责，可以丰富工作内容，让员工有学习与成长，同时也更有成就感。

李媛的困惑

李媛是A公司销售部的一名客户代表，说是“客户代表”其实也就是把产品卖给客户而已。这项工作她已做了4年多的时间，之前她所做的工作则为“销售支持”，同样也做了将近2年。

A公司是她就业后的第一个公司。回忆6年前，她从学校刚毕业，满怀憧憬地进入A公司的情景，年轻、天真、活泼的她，肯学肯做，很快地受到上司及其他部门同事的赏识，所以起初一两年她做得十分愉快。但是，这种感觉在往后几年很快地消失。尽管4年多前，她又换了“客户代表”的工作，和客户直接打交道，但因为公司产品很成熟，客户多是找上门来的，她觉得基本上并没有多大的挑战与变化，所以，在了解了一些作业程序后，她很快地适应了新职务，可以说是驾轻就熟。

坦白说，李小姐并不是对她的薪酬、职位及待遇不满意，她自忖：要找到这样的公司，找到这样的待遇的机会并不多。现在，她愈来愈强烈的感触是：她的“工作价值”到底是什么？仅仅是为了把钱从客户口袋掏出来，放进公司口袋吗？虽然公司新开发的产品很多，但真正成熟“好卖钱”的也就是这一两个；其他产品相对复杂，而且都配备有自己的市场开发人员，而他们这些长年和客户打交道的客户代表，既较少接受新产品的培训，同时又迫于业绩的压力，也就只倾向于推销这单一的“好卖”的产品了，而“客户代表”越做就越成了“熟练工种”了。

有时，李媛也会想：万一哪天离开A公司，她还能做什么呢？业务她懂多少？销售技巧她又有多少？当然，她也很庆幸，这6年来她忠心耿耿，很卖力地工作，很少有被老板骂的时候；但也很自怨，最青春的6年如此走来，到底有什么成就呢？

职业发展三阶段

工作没有新意，没有挑战，缺少成就感！这种困惑不只是李媛所独有，也不是因为她性格的“多愁善感”、“不甘现状”而引起的，而是由于职务发展的阶段性特点所决定的。

我们每个人进入一个新环境，从事一份新职业，必然经过适应、发挥到成熟三个阶段：

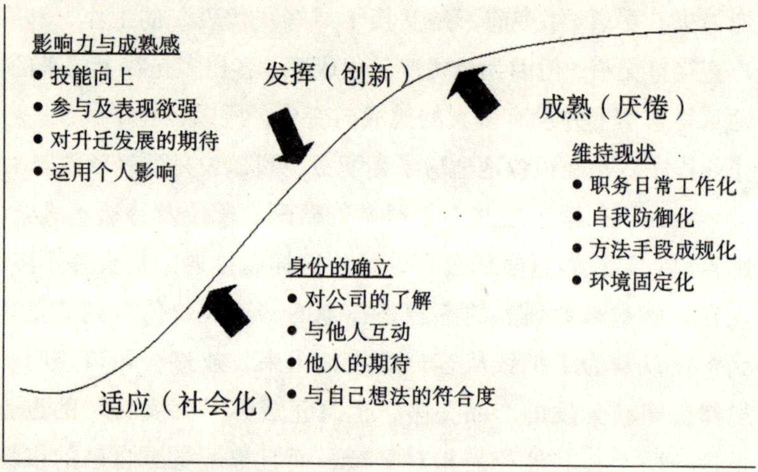

新入职后的一段时期，我们称之为适应期。适应期主要任务是“确立身份”，即找准自己的定位。这时，人们会有意无意地去了解公司业务、历史、文化以及发展方向等，会主动去了解同事，与各相关部门沟通，了解他人的期待，并检查自己的愿望及期待是否能在企业得到满足；在适应期，人们需要很好的指导，需要迅速被接纳。

根据工作的难易度不同、员工工作技能的高低不同、以及对工作的投入程度不同，由“适应阶段”进入到下一阶段——“发挥阶段”的时间不同，但最终人们都会进入到“发挥阶段”。发挥阶段的主要任务是在组织中建立影响力与成熟感。其主要表现有：技能得到提升；参与及表现欲强烈；对升迁发展有期待；运用个人影响力来影响组织。在发挥期，员工在工作中会有很多创新与突破，期望有更大的上升空间。

发挥期之后，员工将进入到“成熟期”，主要表现是维持现状：工作日常化，方法手段模块化，工作环境固定化。这时，人们就会产生工作的厌倦感，感觉工作失去新意，缺少挑战，对工作的投入度与认可度都会降低。这时，如果组织不能做出一些行动来改变现状，员工往往会产生离职、跳槽等念头，或者应付工作、墨守成规等等。职业发展的这三个阶段如上图所示。

激发热情：工作设计丰富化

正如四季有春夏秋冬、日月有阴晴圆缺，人与岗位的配合从适应期到发挥期再到成熟期，这已然是不可改变的发展规律。那么，企业、组织或经理们，能不能通过一些方法来延发“发挥期”而推迟“成熟期”的到来，长久保持员工的工作激情？答案是：能！

激励员工的方法有很多，可以用精神上的“名”（如职位升迁）也可以用物质上的“利”（如奖金、加薪），但是有一招即使“无名无利”也能极大程度地调动员工积极性，那就是：工作设计丰富化。通过横向拓宽和纵向深入两个方面来扩大工作职责，丰富工作内容，让员工有学习与成长，同时也更有成就感。

以上文提到的李媛为例，将她的工作设计丰富化，横向可以对她进行更多的新产品的培训，让她了解公司不同的业务与产品，这样当她面对客户时，她可以有机会对公司产品有完整的推销与售卖；纵向上她也可以对客户有更深入的研究，为客户购买产品提出建设性意见，成为真正专业的“客户代表”。

任何工作都离不开“人、事、物”三要素，随着“人、事、物”的层层递进，工作内容与技能发展层次也逐步深入。以办公室文秘为例，随着工作内容的丰富化程度不同，办公室文秘低可以是打字员，高可以是分析师！通过横向拓展与纵向挖掘，工作内容和岗位职责就从“点”到“面”丰富多彩了。

工作丰富化的来源

工作丰富化有多种办法，可以是加上新任务；加上新责任；增加前面的工作；增加后面的工作；增加绩效的回馈；增加任务的完整感；自己决定资源的分配；减少中间的被控制（授权）等。

任何岗位或职务，即便是公司的一个前台，也可能通过职务的再设计来使工作丰富化。只要有意识去做“工作内容丰富化”的工作，嚷嚷工作没有成就感的员工将越来越少，而员工士气将越来越高。得到这一切，经理们并不需要增加开支。

激励员工的方法有很多，可以用精神上的“名”（如职位升迁）也可以用物质上的“利”（如奖金、加薪），但是有一招即使“无名无利”也能极大程度地调动员工积极性，那就是：工作设计丰富化。

正如四季有春夏秋冬，日月有阴晴圆缺，人与岗位的配合从适应期到发挥期再到成熟期，这已然是不可改变的发展规律。

站好最后一班岗

入职、离职在职场生涯中太寻常了，做好离职交接是理所当然的，交接工作做得好坏与否，对于某工作没有明确的衡量标准，只能自己把握。

搬去远郊的工地现场办公，这一设想曾在公司传过几次，之后总是不了了之。但这次似乎真实起来。才从外地调来几个月的地区公司总经理又一次提出这一想法，在没有正式决定之前就在一次员工大会上说：“如果只是因为公司搬迁就辞职，那水平也太差了，各位不是为了现在这个办公地点才来的吧？”此话一出，即在员工中引来不少微词。

有一天，他把我叫到办公室，问我搬到工地办公怎么样？我直爽地谈了我的担心和所了解的员工的反响，并提出了自己的建议：

第一，目前公司位于市中心，员工上下班和外出办事非常方便。公司的很多业务在市区，还有一处办公室在市里的另一座写字楼里。搬往的地方位于远郊公路旁，只有一趟郊区线到达，无论是上下班还是业务方面，交通问题使员工顾虑重重。

第二，公司领导应该先确定搬迁的意义何在，再对员工明确宣布公司的决定及其相应的问题解决措施。因为每次传言都在员工中引起不小的波动，肯定会影响团队士气。

第三，现在写字楼的投入、所剩的租期与退租所造成的违约罚款计算起来是否划算？除了人员和管理问题，经济账也该好好算一算。

但总经理已拿定主意，催我当天向所在写字楼的物业管理公司提交了退租函。搬迁时间也大致定在1个月之后。作为HR经理，在这件事情上我当然执行公司的决定。但作为一名员工的我，也在考虑自己的去向。因为之前的一段时间以来，我已经在考虑辞工的事，却因各方面的原因尚未付诸实践，也许这次公司迁址正是一个促使我辞职的契机。

3年前从国外回来时，正赶上IT大潮，于是加入了这家集团在京新成立的软件企业，在HR经理的位置上做了两年，直到公司搬到外埠。在一位集团领导的说服下，留在了集团在京的另外一家开发公司继续HR经理的工作。在这一年里较之以前却有太多的不一样。

首先，集团虽有齐全的流程和管理工具，但在下面分公司主要还是地区领导说了算，公司不是靠制度规范企业和员工行为，而更多地体现了一把手的个人性情和风格，这种以个人脾性管理企业的行为没有得到员工的共鸣，而不断地使人离去；

其次，HR的工作更确切地说是执行总经理的指令，而非参与公司的管理工作，这对我在人力资源管理方面的积累和发展有阻而无益；

再次，年初集团有过一次人员调整，可能是没有合适的人选，现在集团的人力资源管理几乎是真空状态，地区领导再把人力资源工作看作是管管档案、算算工资或一概视为行政事务的话，那我再做下去也没意义了；

另外，人员长期配备不足，工作负荷过大，一直处在劳碌和疲乏中，也觉得需要改观。

于是工作照做，辞职也定了。

没过两天，总经理问我“好像对搬办公室的反响不是很热烈？”我即告诉了他我的决定。不过辞职后我接着说的就是：“您放心，时间由您定，我可以等公司确定了接任者，做好工作交接后再离开。”

见我话说得坚决，无挽回余地，同时也让他吃了定心丸，不会出现人力资源部的停滞状况，他只好说：“以前走的人让我很失望，走前说得好好的，但最后还是没做好。不过我相信你，你走一定要做好交接。”

总经理在考虑了一段时间后，决定由他的助理兼任HR经理。因为总经理助理是在总经理到任后招聘的，所以他对公司和集团的整体运作情况也不是十分了解。鉴于此，我就将地区公司的工作，与集团和其他地区公司的工作尽可能地结合实际操作讲给他听。赶上季度交替的时候，有很多报表和文件要做，于是告诉他什么时候怎么做，建议他自己尝试做一遍，并在其中发现问题提出来，下个季度单独再做时就有感性认识了，不会不知道从哪里入手。

在提出辞职后的1个月内，我尽量多与接任者交流，把自己的工作和心得告诉他。1个月后，我写了一份长达16页，附带许多明细表的交接说明，把我所负责的人事、行政和品牌工作分为三个大项；又以每个大项所涵盖的各个方面为不同的小项，如在人事一项中又分招聘、入职与合同、薪资、福利、考核、离职、其他人事问题等小项；每个小项里再列不同细项；有的细项里还有一点、二点、三点……总之是把我知道的HR经理的工作、在我任此职务以前发生的事情、任职期间工作的经验以及一些历史原因遗留的问题一一列明。

当我把交接明细交给接任者，让他看看还有什么遗漏时，他非常感激地说："谢谢你扶我上马，又送了一程！"之后我把这份交接明细交给了总经理。过了两天我才去找总经理，问他是否还有什么要补充的？他高兴地说"已经很详细了，非常细！我没什么了，你们自己交接完就行了。"

随后搬公司的事情又有了新变化，因还有员工提出辞职或表露辞职意向而暂不进行。期间有一位集团领导到京时，找我谈话，还告诉我集团已有提升我的计划，但我去意已定，同样是婉言谢绝了。

同事们知道我要走了，相约吃了几次饭后，北京城突然因非典紧张起来。原本该说的、要写的、得交的都做完了，从提出辞职到现在也有1个月，现在非典形势紧张，我虽然可以走了，不再上班，但我想，还是看接任者把本月的工资算完，没有问题后再走吧。于是在4月份的最后两天又回公司协助接任者计算工资、过节费、午餐费，发放工资。而最后一天总经理已离京。出纳想都没想拿着过节费来发给我，我只是开玩笑地对他说："你对我真好，可我不想你没有过节费，好好看看名单表吧，以后做事可得仔细点啊。"最令我感动的是一位老员工打电话到办公室找我："非典这么厉害还来给我们发工资啊？今天是最后一天吗？真的要走？别走了吧。以前我可能说过一些不好听的话，你可别介意，你的岗位就是这样的，我真的认为你人挺好，什么时候再来一定记得告诉我，请你吃饭。”

入职、离职在职场生涯中太寻常了，对从事人力资源管理的人来说也一样，我只是觉得作为一名职业人，特别是从事人力资源管理的职业人来说，做好离职交接是理所当然，交接工作做得好坏与否，对于某工作没有明确的衡量标准，只能自己把握。

每天你都在重复吗

我们仍然不知道现在应该为10年后做些什么准备，正如我们许多人在10年前并未认真想过现在一样。

很多人每天都做同样的事情，用同样的思维方式、用同样的行为方式、用同样的（往往是消极的）态度去面对每一天的工作、同事、客户、上司，却希望有不一样的好结果出现。

记得法国著名的自然学家约翰·亨利·费伯勒，用一些被称作宗教游行毛虫的小动物做了一次不同寻常的实验。这些毛虫喜欢盲目地追随着前边的一个，因此而得名。费伯勒很仔细地将它们在一个花盆外的框架上排成一圈，这样，领头的毛虫实际上就碰到了最后一只毛虫，完全形成了一个圆圈。在花盆中间，他放上松蜡，这是这种毛虫爱吃的食物。这些毛虫开始围绕着花盆转圈。它们转了一圈又一圈，一小时又一小时，一天又一天，一晚又一晚。它们围绕着花盆转了整整七天七夜。最后，它们全都因饥饿劳累而死。想想看：一大堆食物就在离它们不到15厘米远的地方，它们却一个个地饿死了。原因无它，只是因为它们按照以往思维习惯的方式去盲目地行动，只是因为“事情一直就是这样做的。”

下一个10年，现在该做些什么

我在平时授课中，经常以一个简单的问题作为开端："你想要什么？想成功吗？"也许你会认为这是一个傻问题——谁会回答不想呢？问题在于，当你进一步刨根问底："成功对你具体意味着什么？有一天你怎么知道你是否成功了？换言之——你的目标是什么？当你已经实现了目标时你怎么能知道呢？"却很少有人能回答上来。因为，我们似乎有一种倾向，即思维停留在某一浅层级上就满足于此，而不再愿意费神深入下去做进一步思考。这样做的结果之一是，我们仍然不知道现在应该为10年后做些什么准备，正如我们许多人在10年前并未认真想过现在一样。如果你今天感慨："光阴似箭，又一个10年过去而我居然还是一事无成！"10年后你恐怕又一次会陷入今天的老套路，做同样的嗟叹，依此类推。

在医学字典中，英文单词Deliration（精神错乱）的定义解释中有一句话是这样的：一再重复做相同的事，却妄想有完全不同的结果出现。这样的人就是精神错乱者！我当时看到这样一句话时的震惊至今记忆犹新——因为这个世界太多这样的人了！不是吗？很多人每天都做同样的事情：上班、下班，朝九晚五，用同样的思维方式、用同样的行为方式、用同样的（往往是消极的）态度去面对每一天的事情、工作、同事、客户、上司，却希望（或妄想）有不一样的结果出现（如：涨工资、提升等"职业发展"），其结果是：他们都在抱怨目前的处境不是他们想要的！如此，多少人都患上了"Deliration"？！

"你到底想要什么？你的目标是什么？"

问答情景一：

客户答："我的目标就是实现财务自由。"

再问："那自由究竟意味着有多少银子在银行里？你打算什么时候实现此目标？"

三问："你肯定这样你就成功了吗？"

四问："如果按你的标准成功后，你的生活并不幸福，或失去身体健康，或家庭破裂，等等（这并不牵强或矫情，因为这方面的例子不胜枚举）。你还会认为你成功了吗？"

对于后面这些问题我通常都得不到答案，而我的客户似乎总能被我给难住。

问答情景二：

客户答："我换工作的目标就是有更大的职业发展。"很酷的借口！而我相信一部分招聘经理们会满足于此类"冠冕堂皇"的理由而停止追问——"瞧，这个候选人不满足于现状，正是我们所喜欢的……"果真如此吗？我们来试一试继续这个游戏。

再问："你所谓'更大的职业发展'到底是什么——涨工资、提升、获得更大的管理责任？"

三问："你现在的雇主为什么没有此发展机会？如何证明？"

四问："（如果是所谓的玻璃天花板）是否意味着现雇主对所有与你同级（或同等背景的）的本地员工从来都没有提供过此类发展机会？"

五问（也是最致命的）："你怎么知道我公司会给你提供你想要的职业发展机会呢？（不然你不会来应聘，或者你是在赌博）"……

若想改变命运，先改变思维，停止随波逐流。

美国著名的管理激励大师Brian Tracy曾说："Success is goal, and rest is commentary——成功就是（达成）目标，其

余都是为此的注解。”成功的职业发展开始于问好的问题。所谓好的问题即有效的问题，能帮我们捋清思路，明确方向。首先应该问我们自己：我们到底要什么（具体、可量），为什么要这个（动机、激励因素），什么时候要，在哪里实现，需要谁的帮助，以及怎么得到它，等等。

《圣经》上说：“Ask，and it shall be given you”如果你自己都不清楚想要什么，上帝又如何帮你呢?

后　记

新能量带来新前程

得知根据《人力资本》杂志内容编辑的第二套丛书《前程无忧·职场新能量》即将出版的消息时，真的是万分高兴与欣慰。(根据《人力资本》封面人物编辑的《前程密码》一书已经由北京师范大学出版社出版。)

《人力资本》从2002年创刊以来，历经5年的发展，编辑们的劳动没有白费。今天，这些劳动成果将变成另一种形式继续服务于渴望成长、成功的职场人士。这是《人力资本》创办的初衷，也是每一位编辑希望做到的。如今，我们做到了。

作为一个和《人力资本》共同走过5年的编辑。我深深地体会到职场人对成长与成功的渴望。

“编辑您好，我有一个困惑，我的下属总是越级汇报，我该怎么办？”类似的求助信充满了编辑部的邮箱；

“我希望看到一些经理人成长的故事；我希望看到职场案例分析。”在读者调研会上，这些成了读者最想看到的内容；

“下次沙龙定在什么时间？”每一次不管是由《人力资本》组织的针对职场人成长的大场沙龙还是小场沙龙，我们总是能深深地感受到他们对下一次活动的期待；

……

读者的需求就是杂志的责任。5年来，《人力资本》杂志以为读者提供大量的实际案例、真实的成长故事、实用的管理经验等为己任，孜孜以求，编辑出版了大量符合读者需求的文章。

一直以来，我们都有一个心愿，那就是希望能把我们散落在各个栏目中的文章，通过整理集纳，系统地呈现给读者，让那些渴望成长和成功的人们得以更好的学习和分享其中的励志故事、管理经验。这次《前程无忧·职场新能量》丛书的出版圆了我们这个心愿。

本套堪称职场全程指导的丛书共7本，包括《顶级经理》、《创业旅程》、《中层修炼》、《职场路线》、《职场关系》、《人物心路》以及《名家专栏》。每本书的内容均由《人力资本》杂志各个栏目整编而成。

这套丛书的出版，最应该感谢的是中国最大的集多种媒介资源优势的人力资源综合服务机构前程无忧，没有前程无忧的巨大支持，就不会有这套非常实用的丛书的问世。同时也非常感谢孙虹钢、杨勤、姜继玲、李乐天、黎婧敏、高清敏、陈湘鹏、肖强、季云中、佘文、鲍龙、孙佳琪、李平、陈斌、纪江玮、梅鑫、张烈、施宇等现在和以前的同事。他们为本书的出版提供了巨大的智慧支持与大量细致而辛苦的工作。

另外，还要特别感谢一直以来支持我们的企业、专家、公关公司、被采访对象……因为他们的支持，才会有现在这些实用、精彩的文章，才能使读者获得能量，快速成长，奔向成功。

最后，我有一个好消息和大家分享。那就是，当你拿到这套书的时候，《人力资本》杂志已经更名为《新前程》。这是《人力资本》杂志希望更好地服务读者的一个举措。今后，我们将更聚焦于关注职场人的成长与发展，做他们成功路上的良师益友。

这是我们的一个新心愿——希望《新前程》继续带给每个职场人更大的能量，创造更美好的前程。

邓晓燕

《人力资本》执行主编